离婚保卫战

第2版

马晓斌 著

手把手教你如何争取离婚合法权益

中国法制出版社
CHINA LEGAL PUBLISHING HOUSE

序言
PREFACE

婚姻家庭关系是否和谐，关乎着每一位公民的幸福。近年来，我国的离婚率呈上升趋势，随之而来的离婚诉讼案件数量也逐年递增。实践中，如何妥善处理已经破裂的婚姻关系、离婚后子女的抚养和探望、夫妻共同财产的分割，以及夫妻债务的认定等一系列问题，是法律工作者需要不断探索、研究的课题。

本书作者长期从事婚姻家庭案件的办理和研究，有着非常丰富的司法实践经验。作者梳理了多年以来的办案经验，通过案例分析的方式，对离婚案件中的常见问题进行解读，同时也对当事人普遍存在的常见误区进行厘清，并与读者分享作者在办案过程中的一些心得体会。

《民法典》由中华人民共和国第十三届全国人民代表大会第三次会议于2020年5月28日通过，自2021年1月1日起正式施行。《婚姻法》《继承法》《民法通则》《收养法》《担保法》《合同法》《物权法》《侵权责任法》《民法总则》九部法律同时废止。

《民法典》是我国有史以来第一部以法典命名的法律，其系统整合了新中国成立七十多年来长期实践形成的民事法律规范，总共七编，其中第五编为婚姻家庭编。一方面，婚姻家庭编保留了原《婚姻法》中的绝大多数条款。另一方面，婚姻家庭编对原《婚姻法》中的基本原则、亲属身份关系、结婚、离婚以及收养等方面作出了多处修改。例如，删除了实行计划生育的基本原则；明确强调应当重视家庭和家风建设；规定了夫妻之间享有日常事务的代理权；将隐瞒重大疾病的婚姻从无效婚姻修改为可撤销婚姻；规定了以登记方式离婚的夫妻需要经过30天的冷静期；明确了夫妻共同债务需共债共签或事后追认；明确了离婚时夫妻共同财产的分割要考虑照顾无过错一方；在离婚过错损害赔偿的事由中增加了兜底条款；规定了亲子关系的确认与否认规则；放宽了收养三代以内旁系同辈血亲子女的条件；限制了收养异性子女的年龄差距应为40周岁以上……

此外，与《民法典》同步实施的《最高人民法院关于适用〈中华人民共和国民法典〉婚姻家庭编的解释（一）》全面取代了此前的《婚姻法》司法解释。新的司法解释与《民法典》婚姻家庭编紧密结合，遵循婚姻家庭受国家保护，婚姻自由，一夫一妻，男女平等和保护妇女、未成年人的合法权益等原则，统一了婚姻家事审判的裁判规则，充分贯彻体现了人权平等、人格尊严、人身自由、人亲和谐、人际诚信、人性友善、人财共济、人伦正义、人本秩序、人文关怀等法治思想。

本书对于《民法典》婚姻家庭编及司法解释所更新的焦点法律问题，如离婚冷静期、“疾病婚”无效改为可撤销、亲子关系的确认与否认等焦点内容均进行了相应解读。

目录
CONTENTS

第一章　诉讼离婚常见问题

第二章　子女抚养问题

一、如何争取孩子的抚养权

二、抚养费的给付

三、探望权的行使

四、其他抚养纠纷

第三章 离婚财产分割

一、夫妻共同财产的认定

二、夫妻个人财产的认定

三、房产分割相关问题

四、其他财产分割问题

第四章　夫妻债务的认定

第五章　离婚损害赔偿

一、请求损害赔偿的常见问题

二、过错证据的收集

三、经济补偿与帮助

第六章　离婚后纠纷

第七章　离婚协议中的隐患

第八章　离婚案件带来的思考

第九章　离婚常用法律文书

第一章
诉讼离婚常见问题

一、起诉前必知常识

1. 协议离婚和诉讼离婚，到底哪种方式更好？

案情简介

赵某和丈夫王某结婚四年多，婚后生育了一名女孩，现年仅一岁多。因王某工作较为繁忙，经常出差，平时家里的日常事务都由赵某一人料理。两人因平时缺少有效的沟通，导致常常在电话中发生争吵。赵某首先提出离婚，王某也表示同意离婚。双方对于财产分割问题的争议并不大，但都要求由自己行使女儿的抚养权。于是，两人因孩子抚养权问题再次发生争执，僵持不下后，赵某决定起诉离婚。在咨询律师的时候，赵某问，像她这种情况，到底是协议离婚好，还是诉讼离婚好？

律师观点

本案中，赵某与王某的争议焦点主要是孩子的抚养权问题。经过分析后律师发现，王某平时工作繁忙，根本无力照顾幼小的孩子。孩子年仅一岁多，即便进入诉讼程序，依照法律的规定，法院也会判决孩子由赵某抚养。综合考虑以上因素，律师在接受赵某的委托后，与王某进行了一次正式的谈话，客观地分析了两人目前的情况，指出由赵某行使孩子的抚养权，将更有利于孩子的健康成长，最终王某同意放弃孩子的抚养权，两人协议离婚。

协议离婚和诉讼离婚究竟应当如何选择，需要综合考虑男女双方的感情破裂原因、对孩子的抚养意愿、财产的分割等问题中主要的争议焦点是什么，有无可能进一步协商探讨有效的解决方案。实践中，我们通常建议当事人优先考虑协议离婚，其中最重要的原因就是，婚姻登记机关的协议离婚程序相对简便，更多地适用于双方一致同意离婚且对子女抚养以及财产分割等问题争议不大的情形；而诉讼离婚则更多地适用于离婚双方对于是否同意离婚、子女抚养以及财产分割等问题存在争议的情形。相对于协议离婚程序来说，诉讼离婚往往更加耗时、耗力，甚至对双方及各自的家庭来说可能都是一种煎熬。另外，如果选择以协议方式离婚，必须充分重视离婚协议的具体约定，务必使双方的约定具有可操作性。同时，在签署离婚协议之前，双方应当进行充分的沟通，在完全理解协议内容以及相应法律风险的基础上慎重签署。

法条指引

《中华人民共和国民法典》

第一千零七十六条 夫妻双方自愿离婚的，应当签订书面离婚协议，并亲自到婚姻登记机关申请离婚登记。

离婚协议应当载明双方自愿离婚的意思表示和对子女抚养、财产以及债务处理等事项协商一致的意见。

第一千零七十八条 婚姻登记机关查明双方确实是自愿离婚，并已经对子女抚养、财产以及债务处理等事项协商一致的，予以登记，发给离婚证。

2. 什么是“离婚冷静期”？

案情简介

杨某和王某通过网络相识，两人建立恋爱关系数月后登记结婚，婚后未生育子女。婚后双方逐渐发现，虽然两人在网络中沟通很好，但在日常生活里却没有任何共同的爱好，致使两人没能建立起真正的夫妻感情。杨某主动提出希望与王某协议离婚，但王某认为自己对杨某仍然存有感情，不同意与杨某离婚，并表示希望与杨某共同努力尝试培养夫妻感情。在王某拒绝了杨某提出的离婚请求后，杨某离婚的意愿更加强烈。但杨某比较关心离婚冷静期的问题，于是向律师咨询，想知道如果其与王某以协议方式离婚，若双方均表示放弃30天的离婚冷静期，婚姻登记机关能否在两人申请离婚登记当日就发给离婚证？

律师观点

不能。《民法典》婚姻家庭编中对于协议离婚新增了“冷静期”的规定，即“自婚姻登记机关收到离婚登记申请之日起三十日内，任何一方不愿意离婚的，可以向婚姻登记机关撤回离婚登记申请。前款规定期限届满后三十日内，双方应当亲自到婚姻登记机关申请发给离婚证；未申请的，视为撤回离婚登记申请”。该规定当中的“三十日”期限，即我们通常所说的“冷静期”。

因此，在2021年1月《民法典》正式实施之后，选择以协议方式离婚的当事人已经不能于申请离婚登记当日同时领取离婚证，即便离婚双方当事人明确表示放弃“冷静期”，依然需要等待30日之后才能领取离婚证，完成离婚登记手续。另外，在“冷静期”内，如果任何一方当事人表示不愿意离婚的，均可以向婚姻登记机关撤回已提交的离婚登记申请。或者，在“冷静期”结束后的30日内，双方没有亲自到婚姻登记机关申请发给离婚证的，同样也将被视为撤回离婚登记申请。可以看出，《民法典》对于“冷静期”的规定，从登记离婚的程序上对拟离婚当事人进行了一定程度的限制。《民法典》对于“冷静期”的规定，主要是希望离婚双方当事人能够更加冷静、理智地对待婚姻问题，避免因为一时的冲动情绪而草率离婚。如果夫妻双方在“冷静期”之后仍然坚持离婚的，说明他们之间的夫妻感情确实已经无法挽回，婚姻登记机关应当准予双方离婚。

法条指引

《中华人民共和国民法典》

第一千零七十七条　自婚姻登记机关收到离婚登记申请之日起三十日内，任何一方不愿意离婚的，可以向婚姻登记机关撤回离婚登记申请。

前款规定期限届满后三十日内，双方应当亲自到婚姻登记机关申请发给离婚证；未申请的，视为撤回离婚登记申请。

《民政部关于贯彻落实〈中华人民共和国民法典〉中有关婚姻登记规定的通知》

二、调整离婚登记程序

（三）冷静期。自婚姻登记机关收到离婚登记申请并向当事人发放《离婚登记申请受理回执单》之日起三十日内，任何一方不愿意离婚的，可以持本人有效身份证件和《离婚登记申请受理回执单》（遗失的可不提供，但需书面说明情况），向受理离婚登记申请的婚姻登记机关撤回离婚登记申请，并亲自填写《撤回离婚登记申请书》（附件4）。经婚姻登记机关核实无误后，发给《撤回离婚登记申请确认单》（附件5），并将《离婚登记申请书》《撤回离婚登记申请书》与《撤回离婚登记申请确认单（存根联）》一并存档。

自离婚冷静期届满后三十日内，双方未共同到婚姻登记机关申请发给离婚证的，视为撤回离婚登记申请。

3. 起诉离婚前是否必须先自行调解？

案情简介

张某与妻子李某结婚不到两年，婚后未生育子女。张某家里的经济条件较为优越，留学回国后找了一份不错的工作，而妻子李某长期没有稳定工作。结婚后，张某的父母希望小两口能尽快生个孩子，但李某认为自己还年轻，想多自由几年，于是婆媳之间经常为了要不要孩子的事情发生争执，张某夹在中间十分为难。张某的母亲认为，儿媳妇既不工作，也不做家务，整天无所事事，根本不是踏实过日子的状态，现在连自己想抱孙子的要求也不能满足，心里十分不满。时间久了，张某与李某的感情也发生了变化，两人从开始的争吵发展到后来的冷战，最后李某索性搬回娘家去住。

不久前，张某发现李某有了外遇，一气之下动手打了李某，两人的矛盾彻底激化。张某认为两个人的感情已经彻底破裂，根本不可能再和好，也不愿意再见到对方。张某向律师咨询，如果起诉离婚，是否必须先自行调解？

律师观点

法律没有规定夫妻双方在离婚前必须先自行调解。根据《民法典》的规定，离婚分为自愿离婚和诉讼离婚。自愿离婚，即协议离婚，是指在夫妻双方能够对子女抚养和财产分割等全部问题均达成一致意见的情况下，可直接到婚姻登记机关申请离婚。如果任何一方不同意离婚，或者对子女抚养、财产分割等任何一个问题无法达成一致意见，就需要以诉讼的方式进行离婚，将双方争议的问题交由法院审理裁判。同时，《民法典》第一千零七十九条第二款规定："人民法院审理离婚案件，应当进行调解；如果感情确已破裂，调解无效的，应当准予离婚。"因此，在离婚诉讼中，调解确实是一个必经的程序，但是法律并没有强制要求双方当事人在起诉前必须先自行调解。

法条指引

《中华人民共和国民法典》

第一千零七十九条 夫妻一方要求离婚的，可以由有关组织进行调解或者直接向人民法院提起离婚诉讼。

人民法院审理离婚案件，应当进行调解；如果感情确已破裂，调解无效的，应当准予离婚。

……

4. 如果已经签了离婚协议，还能向法院起诉吗？

案情简介

王某与丈夫孙某经人介绍相识，恋爱后结婚，婚后生育一女。两人在婚后没有注重夫妻感情的经营，相互之间缺少沟通，孩子出生后，两人便不在一起过夫妻生活，因此夫妻关系逐渐冷淡。孙某首先提出离婚，王某也表示同意，但提出孩子必须由自己抚养，并要求孙某每月支付6000元的抚养费，直到孩子大学毕业，孙某同意后两人私下签署了一份离婚协议。但离婚协议签署后不久，王某便反悔了，认为孙某如此急于离婚，一定是有了外遇，于是要求孙某必须另行支付20万元的精神损失费，否则不同意离婚。

孙某认为王某的要求纯属无理取闹，自己根本没有外遇，坚决不同意支付精神损失费。而且孙某认为，之前双方约定的抚养费金额过高，要求降低到5000元。孙某想知道，像他这种情况，双方已经签署了离婚协议，还能再向法院提起离婚诉讼吗？

律师观点

双方在离婚协议上签字并不等于解除了婚姻关系。根据《民法典》第一千零八十条的规定，仅仅签署了离婚协议并不意味着婚姻关系自动解除，男女双方必须到婚姻登记机关办理完成离婚登记手续、领取离婚证，或者取得了生效的离婚判决书、调解书之后才算正式解除离婚关系。因此，无论双方是否已经签署了离婚协议，任何一方都有权选择以诉讼的方式提出离婚。

法条指引

《中华人民共和国民法典》

第一千零八十条 完成离婚登记，或者离婚判决书、调解书生效，即解除婚姻关系。

《民政部关于贯彻落实〈中华人民共和国民法典〉中有关婚姻登记规定的通知》

二、调整离婚登记程序

（一）申请。夫妻双方自愿离婚的，应当签订书面离婚协议，共同到有管辖权的婚姻登记机关提出申请，并提供以下证件和证明材料：

1. 内地婚姻登记机关或者中国驻外使（领）馆颁发的结婚证；

2. 符合《婚姻登记工作规范》第二十九条至第三十五条规定的有效身份证件；

3. 在婚姻登记机关现场填写的《离婚登记申请书》（附件1）。

5. 法律对于男方提出离婚有何限制？

案情简介

赵某与妻子江某通过相亲相识后登记结婚。由于双方在婚前缺乏了解，结婚后也没能建立起真正的夫妻感情，双方经常因家庭琐事争吵，已经严重影响了赵某正常的生活和工作。于是赵某首先提出以协议的方式离婚，江某也表示同意离婚，但双方在财产分割问题上始终没能达成完全一致的意见，赵某遂向法院提起了诉讼。没想到在开庭的时候，江某却拒绝离婚，还拿出了医院出具的诊断证明，截至法院开庭时，江某已经怀孕两个多月。法院对夫妻二人进行了当庭调解，但赵某坚决要求离婚，调解无效后，一审法院作出裁定，驳回了赵某的起诉。

律师观点

《民法典》第一千零八十二条对男方的诉讼离婚请求权作出了明确的限制性规定，即“女方在怀孕期间、分娩后一年内或者终止妊娠后六个月内，男方不得提出离婚”。这是因为，女方在这些特殊时期内，无论是生理上还是心理上都需要特殊的照顾和保护，如果在这段时间内男方提出离婚，对女方以及孩子的身心健康都是一种严重伤害。因此，法律限制男方在上述特殊时期内提出离婚请求是充分考虑了女方及孩子的合法权益，是非常必要的。

但有以下几点需要注意：第一，上述法律规定限制的主体仅仅是男方，不包括女方。如果在上述特殊时期内，女方主动提出离婚请求，并不受法律的限制。第二，上述法律规定限制的仅仅是男方的诉讼离婚请求权，而不适用于协议离婚程序。在上述特殊时期内，如果男方提出协议离婚，而女方也表示同意的，法律并不禁止。第三，上述法律规定对男方离婚请求权的限制并不是绝对的。如果人民法院认为确有必要受理男方离婚请求，则不在此限。哪些情形属于“确有必要受理”，最终需要经过法院的审查判定，但实践中此类案件极少。例如，女方虽在孕期，但如果男方有证据证明女方所怀的孩子并非自己的亲生骨肉，此类情形即属于“确有必要受理”。

法条指引

《中华人民共和国民法典》

第一千零八十二条　女方在怀孕期间、分娩后一年内或者终止妊娠后六个月内，男方不得提出离婚；但是，女方提出离婚或者人民法院认为确有必要受理男方离婚请求的除外。

6. 分居两年就自动离婚了吗?

案情简介

谢某和方某经朋友介绍相识，恋爱后登记结婚，婚后未生育子女。谢某毕业于国内名牌大学，任某上市公司高管。方某系海归硕士，就职于某外企。谢某平时忙于工作应酬，下班后经常游走于各种饭局、酒局之间。方某因工作原因需要定期出国联系业务。两人结婚后都忙于各自的工作，缺少正常的沟通交流。后来，方某发现谢某有外遇，两人发生争吵后开始分居。分居近两年后，方某提出离婚，同时认为谢某出轨有过错，要求谢某赔偿自己精神损失。谢某则认为，两人已经分居超过两年，法律上属于自动离婚了，于是，方某向律师咨询是否有这样的规定。

律师观点

首先，我国法律并没有关于分居两年就自动离婚的规定，更不存在任何自动解除婚姻的制度。根据《民法典》第一千零七十九条的规定，离婚的方式只有协议离婚和诉讼离婚两种。我们通常所说的“分居两年”的概念实际上来源于此条，即“因感情不和分居满二年”人民法院应当认定夫妻感情确已破裂，同时准予离婚。因此，如果夫妻双方因感情不和已经分居满两年，双方可以通过协商的方式协议离婚，如果协商不成，任何一方均可以向法院提起诉讼。

分居满“两年”的具体时间如何计算？应当从夫妻双方共同认可的分居时间开始，直到一方向法院正式提起离婚诉讼时为止，已经满两年。如果双方对分居的起始时间不能达成共识，就需要由提出离婚的一方举证加以证明。

需要注意的是，《民法典》第一千零七十九条新增了一款规定，即经人民法院判决不准离婚后，双方又分居满一年，一方再次提起离婚诉讼的，应当准予离婚。

法条指引

《中华人民共和国民法典》

第一千零七十九条 夫妻一方要求离婚的，可以由有关组织进行调解或者直接向人民法院提起离婚诉讼。

人民法院审理离婚案件，应当进行调解；如果感情确已破裂，调解无效的，应当准予离婚。

有下列情形之一，调解无效的，应当准予离婚：

……

（四）因感情不和分居满二年；

……

经人民法院判决不准离婚后，双方又分居满一年，一方再次提起离婚诉讼的，应当准予离婚。

7. 对方不同意离婚，玩“失踪”怎么办？

案情简介

杨某与陈某婚后未生育子女。婚后陈某不务正业，每天只顾着上网、打游戏。为此，两人经常发生争吵。某日，杨某发现陈某在网上与女网友的聊天记录十分暧昧，于是质问陈某，陈某解释称两人只是在游戏里扮演夫妻角色。起初杨某并没在意，但杨某逐渐感觉夫妻双方的日常交流十分不畅，陈某似乎不愿意搭理自己。出于女性的直觉，杨某再次翻看了陈某的网上聊天记录，发现陈某和女网友之间的感情绝非一般，于是再次质问陈某，并趁机抢过了陈某的手机，发现陈某的手机微信里通篇都是陈某与女网友的聊天记录，于是两人再次发生争吵。当晚，陈某即离家出走。一周之后，陈某回家收拾了自己的衣物，再次消失。

杨某认为，陈某整日不务正业，没有丝毫的上进心、责任感，于是想离婚。但陈某已将杨某及其家人的联系方式全部拉黑，断绝了一切联系，陈某的家人也拒不配合联系陈某。杨某无奈，只得起诉到法院。但立案后发现，陈某不仅拒接法院的电话，陈某的家人也拒绝接收法院送达文书。最后，杨某不得不向法院申请启动公告程序。

律师观点

本案中，从陈某离家出走、玩失踪等行为可以看出，陈某对自己与杨某这段感情早已放弃。双方婚后既无子女，也没有需要分割的共同财产。陈某故意用逃避庭审的方法恶意拖延诉讼，使杨某不能尽快达到离婚的目的。

近年来，由于一方不同意离婚，也不出席庭审，甚至连法院文书也拒绝签收的情况屡见不鲜。这种做法确实给很多离婚当事人带来了极大的困扰，导致迫切想要离婚的当事人只能通过漫长的法律程序寻求救济。对于这种情形，建议采用以下应对方案：第一，一方提出离婚后，如果对方表示不配合，在协商无果的情况下应当尽快向法院起诉。第二，如果对方拒绝签收法院送达文书，应立即向法院申请进行公告送达。公告期满后，由法院进行缺席审理。第三，积极收集对方离家出走、故意逃避庭审等相关证据，以及证明对方漠视夫妻感情且因此导致夫妻感情已经破裂的相关证据。

法条指引

《最高人民法院关于适用〈中华人民共和国民事诉讼法〉的解释》

第二百一十七条　夫妻一方下落不明，另一方诉至人民法院，只要求离婚，不申请宣告下落不明人失踪或者死亡的案件，人民法院应当受理，对下落不明人公告送达诉讼文书。

8. 无民事行为能力人如何离婚？

案情简介

王某与许某经人介绍相识，结婚后生育一子。但结婚不久，王某就发现许某的性情异于常人，起初王某并没有特别在意，但孩子出生后，许某还是经常神经兮兮，有时候突然对王某说有人要害他。王某多次向医生求证后，确认许某确实患有精神疾病。之后，许某的家人向王某坦白了许某所患疾病系家族遗传，并对结婚时隐瞒病情的事表示歉意，同时希望王某看在孩子的情面上，与许某维持婚姻关系。王某在得知自己从一开始就被欺骗后，心情十分低落，但也勉强同意继续维持这段婚姻。可随着孩子的成长，许某的病情越发严重，最后发展到已经无法独立生活。王某不堪忍受许某长期的发病和惊吓，每次一想到自己的婚姻自始至终都是一场骗局，就十分委屈，最终王某在征求家人的意见后，向法院提起了离婚诉讼。因许某此时已生活无法自理，不能独立出席庭审，故由许某的母亲作为许某的监护人参与诉讼。

律师观点

一般情况下，当事人可以选择通过协议或者诉讼的方式离婚，但对于无民事行为能力人或者限制民事行为能力人来说，他们自己无法作出真实的意思表示，为了最大限度地保护他们的合法权益，法律明确规定，对于此类人群的离婚，婚姻登记机关一律不予受理，必须通过诉讼的方式进行。

本案中，许某在结婚前隐瞒了其患有遗传性精神疾病的事实，王某在得知真相后最终决定向法院起诉。由于此时许某本人已经处于生活不能自理的无民事行为能力状态，故只能由许某的母亲作为其监护人出席参与庭审。值得探讨的是，本案王某在提起离婚诉讼前曾经考虑依照《民法典》第一千零五十三条的规定，请求法院撤销双方的婚姻。但是王某并没有在法律规定的“知道或者应当知道撤销事由之日起一年内”提出撤销婚姻的诉请。王某经过慎重考虑之后，最终还是选择以离婚诉讼的方式结束与许某的这段婚姻，同时一并解决孩子的抚养和财产分割问题。

另外，关于本案涉及的可撤销婚姻问题，《民法典》第一千零五十三条进行了明确规定：“一方患有重大疾病的，应当在结婚登记前如实告知另一方；不如实告知的，另一方可以向人民法院请求撤销婚姻。请求撤销婚姻的，应当自知道或者应当知道撤销事由之日起一年内提出。”《民法典》赋予了无过错一方享有“重大疾病知情权”，即在配偶一方隐瞒重大疾病的情况下，作为无过错一方的配偶有权选择是否主张撤销婚姻，但该主张必须在“自知道或者应当知道撤销事由之日起一年内提出”。

法条指引

《中华人民共和国民法典》

第一千零五十三条　一方患有重大疾病的，应当在结婚登记前如实告知另一方；不如实告知的，另一方可以向人民法院请求撤销婚姻。

请求撤销婚姻的，应当自知道或者应当知道撤销事由之日起一年内提出。

《婚姻登记条例》

第十二条　办理离婚登记的当事人有下列情形之一的，婚姻登记机关不予受理：

（一）未达成离婚协议的；

（二）属于无民事行为能力人或者限制民事行为能力人的；

（三）其结婚登记不是在中国内地办理的。

《中华人民共和国民事诉讼法》

第六十条　无诉讼行为能力人由他的监护人作为法定代理人代为诉讼。法定代理人之间互相推诿代理责任的，由人民法院指定其中一人代为诉讼。

《最高人民法院关于适用〈中华人民共和国民事诉讼法〉的解释》

第一百四十八条　当事人自行和解或者调解达成协议后，请求人民法院按照和解协议或者调解协议的内容制作判决书的，人民法院不予准许。

无民事行为能力人的离婚案件，由其法定代理人进行诉讼。法定代理人与对方达成协议要求发给判决书的，可根据协议内容制作判决书。

二、起诉离婚的程序

9. 夫妻双方的户籍均在外地，能否在现居住地起诉离婚？

案情简介

王某与刘某系大学同学，两人毕业不久后就登记结婚了，婚后无子女，两人的户籍地均为山东省东营市河口区。王某因在公司表现优秀被领导提拔，调动到北京市通州区某子公司任职，刘某随王某一同到北京市通州区居住生活。为此，王某与刘某双方家人共同出资为两人购置了一套两居室。但好景不长，来京后由于王某工作压力较大，需要经常加班，而刘某却一直没有找到合适的工作，整天在家无所事事。两人的感情也因此开始出现问题，之后王某率先提出离婚，但王某不清楚是可以直接在北京起诉，还是必须回老家东营市起诉。

律师观点

王某可以在北京市通州区人民法院起诉离婚。本案中，虽然双方的户籍地均为山东省东营市河口区，但截至起诉前，双方均已在北京市通州区连续居住满一年以上。根据《最高人民法院关于适用〈中华人民共和国民事诉讼法〉的解释》的规定，应将北京市通州区作为双方的经常居住地。因此，王某不需要回到原户籍地，直接向通州区人民法院起诉即可。

但需注意的是，目前北京地区各法院要求，离婚案件的被告如果不是北京户籍，则原告在立案时必须同时向法院提交被告的《居住证》或《居住证明》，以此来证明被告在北京市长期居住的事实。《居住证明》可到社区居民委员会或物业开具。本案中，如王某在立案时不能向法院提交刘某的居住证明材料，则北京市通州区人民法院将不予受理王某的立案申请，此时王某只能到刘某的户籍所在地人民法院，即山东省东营市河口区人民法院提起诉讼。

法条指引

《最高人民法院关于适用〈中华人民共和国民事诉讼法〉的解释》

第四条 公民的经常居住地是指公民离开住所地至起诉时已连续居住一年以上的地方，但公民住院就医的地方除外。

10. 第一次起诉离婚，法院通常不判离吗？

案情简介

孙某和杜某经人介绍相识，恋爱数月后登记结婚，婚后初期感情尚好。但孙某偶然间查看杜某的手机，发现杜某与其单位同事有不正当的男女关系，两人为此产生矛盾。孙某要求杜某保证与该同事断绝来往，杜某嘴上虽然答应，但实际上并未改正，仍然继续与该同事保持不正当关系。孙某认为杜某的行为非常恶劣，已经严重伤害了自己的感情，于是准备委托律师起诉离婚。起诉前，孙某通过在网上查询资料了解到，第一次起诉离婚，法院通常都不判离。孙某向律师咨询，是否有这样的说法？

律师观点

根据我国目前的司法实践，当事人第一次起诉离婚时，如果被告明确表示不同意离婚，而原告又不能提供证据证明对方存在《民法典》第一千零七十九条规定的重婚、与他人同居、家庭暴力等法定情形，通常法院会对双方感情是否破裂进行着重审查，如无法认定双方感情却已破裂的，往往就倾向于作出不准离婚的判决。

这是因为，婚姻对每个人乃至每个家庭来说，都是人生当中的一件大事，确实有很多离婚当事人因为婚姻不幸福急于通过诉讼摆脱痛苦的婚姻。但也有为数不少的案件，虽然已经起诉到法院，但是双方通过调解和一段时间的冷静之后能够重归于好。法院作为审判机关，自然也希望通过不准予离婚的判决再次给予夫妻双方充分的时间去慎重考虑是否仍然坚持离婚。因此，如果没有法定情形，第一次起诉离婚时法院通常不判离。但是，一旦当事人再次起诉，法院就很有可能会认定夫妻感情确实已经破裂，进而判决准予离婚。

法条指引

《中华人民共和国民法典》

第一千零七十九条　夫妻一方要求离婚的，可以由有关组织进行调解或者直接向人民法院提起离婚诉讼。

人民法院审理离婚案件，应当进行调解；如果感情确已破裂，调解无效的，应当准予离婚。

有下列情形之一，调解无效的，应当准予离婚：

（一）重婚或者与他人同居；

（二）实施家庭暴力或者虐待、遗弃家庭成员；

（三）有赌博、吸毒等恶习屡教不改；

（四）因感情不和分居满二年；

（五）其他导致夫妻感情破裂的情形。

一方被宣告失踪，另一方提起离婚诉讼的，应当准予离婚。

经人民法院判决不准离婚后，双方又分居满一年，一方再次提起离婚诉讼的，应当准予离婚。

11. 第二次起诉离婚，法院就一定会判离吗？

案情简介

曹某与周某系自由恋爱，结婚后生育一子。因性格差异较大，婚后双方感情日渐疏远，矛盾不断，经常因家庭琐事发生争吵，且周某不尊重曹某的家人，经常目无尊长，出言不逊。曹某无法忍受周某，主动向法院起诉要求离婚。法院经审理后认为双方夫妻感情并未破裂，判决驳回了曹某的诉讼请求，不准予双方离婚。之后，曹某再一次向法院提起了离婚诉讼，坚持要求与周某离婚，但曹某并未向法院提交其他能证明双方感情破裂的证据，经法院调查发现，两人至今仍然在同一住所共同生活，且周某坚持认为夫妻感情并未破裂，不同意与曹某离婚。法院经审理后作出判决，再次驳回了曹某的诉讼请求。判决作出后，曹某不解，向律师咨询时问道："为什么我已经两次起诉离婚，但法院仍然判决不准离婚呢？"

律师观点

法律并没有规定，只要第二次起诉离婚，法院就一定会判决准予离婚。法院是否判决准予离婚，与第几次起诉没有必然联系。根据我国目前的司法实践，当事人第一次起诉离婚时，如果被告方明确表示不同意离婚，而原告又不能提供证据证明婚姻关系存在《民法典》第一千零七十九条所规定的情形时，通常法院都会作出不准离婚的判决。为此，当事人通常需要等待六个月之后再次起诉。但这并不等同于只要第二次起诉，法院就一定会判决同意双方离婚。无论是第几次起诉离婚，法院在案件审理过程中都会着重审查"夫妻感情是否确已破裂"。

在这里特别提示：作为离婚案件的原告，无论是第几次提起诉讼，都要围绕"夫妻感情是否确已破裂"进行举证。尤其是在第二次起诉的时候，原告更应当针对夫妻双方在"第一次不准离婚的判决作出后到第二次起诉之前"的感情状况，不能想当然地以为，只要第二次起诉，法院就一定会判决准予离婚。实践中，因为原告忽视这方面的证据，有不少案件都是经历了三次，甚至更多次数的诉讼，法院最终才判决离婚。

法条指引

《中华人民共和国民事诉讼法》

第一百二十七条　人民法院对下列起诉，分别情形，予以处理：

……

（七）判决不准离婚和调解和好的离婚案件，判决、调解维持收养关系的案件，没有新情况、新理由，原告在六个月内又起诉的，不予受理。

《最高人民法院关于办理人身安全保护令案件适用法律若干问题的规定》

第十一条　离婚案件中，判决不准离婚或者调解和好后，被申请人违反人身安全保护令实施家庭暴力的，可以认定为民事诉讼法第一百二十七条第七项规定的"新情况、新理由"。

12. 对一审法院不准离婚的判决不服，可以上诉吗？

案情简介

吴某与白某经朋友介绍相识恋爱，在北京市西城区民政局办理了结婚登记，婚后生育一子。由于两人婚前了解不足，婚后才发现双方性格及三观均不合拍，夫妻之间本应互相照顾，但白某对吴某和孩子却不管不顾，在孩子一岁多的时候，两人即分房居住。吴某认为已经感受不到来自白某的关爱，不想再继续维持这段婚姻，于是向法院起诉离婚。

一审法院经审理后认为，吴某与白某双方均系初婚，两人婚后共同生活多年，且育有一子，有一定的感情基础，双方因未能正确处理家庭琐事而产生矛盾，但并非不可调和，夫妻感情并未破裂，最终判决驳回吴某要求离婚的诉讼请求。吴某拿到判决书之后表示不服，她听说如果再次起诉离婚需要等待六个月，于是向律师咨询，自己这种情况能不能提起上诉，要求二审法院进行改判。

律师观点

可以上诉，但是我们并不建议当事人针对一审法院不准予离婚的判决提起上诉。根据《最高人民法院关于适用〈中华人民共和国民事诉讼法〉的解释》第三百二十七条第一款的规定，"一审判决不准离婚的案件，上诉后，第二审人民法院认为应当判决离婚的，可以根据当事人自愿的原则，与子女抚养、财产问题一并调解；调解不成的，发回重审”。从该规定可以看出，对一审法院判决不准离婚的案件，即便二审法院认为应当判决离婚，原则上也会首先进行调解，调解不成则发回重审，一般不会直接改判双方离婚。很多当事人不理解，为什么司法解释如此规定？

这是因为，一审法院在作出不准离婚判决的同时，对于子女抚养、财产分割等问题均不予处理。在这种情况下，如果二审法院直接对案件进行改判，则必须同时对子女抚养、财产分割等问题一并处理并作出判决，而二审判决系终审判决，一经作出立即生效。如此一来，将会导致对子女抚养、财产分割判决不服的一方丧失法定的上诉权利。

因此我们建议，在第一次起诉离婚被法院判决驳回的情况下不上诉，而是等判决生效六个月之后再次起诉离婚。

法条指引

《最高人民法院关于适用〈中华人民共和国民事诉讼法〉的解释》

第三百二十七条 一审判决不准离婚的案件，上诉后，第二审人民法院认为应当判决离婚的，可以根据当事人自愿的原则，与子女抚养、财产问题一并调解；调解不成的，发回重审。

双方当事人同意由第二审人民法院一并审理的，第二审人民法院可以一并裁判。

三、法院判决离婚的认定标准

13. 什么情况下法院会判决准予离婚？

案情简介

姚某与赵某婚后生育一女。结婚初期，夫妻感情尚可。结婚前，姚某的父母曾出资为姚某购置了一套两居室，房屋登记在姚某个人名下，房屋贷款由姚某和赵某以夫妻共同财产偿还。结婚后，赵某及其家人提出想在房产证上加上赵某的名字，但姚某的父母明确表示反对。此后，夫妻双方及各自家人多次因房屋加名问题产生矛盾，夫妻关系逐渐恶化。姚某准备向法院诉讼离婚，于是咨询律师，想知道按照法律规定，什么情况下法院才会判决准予离婚?

律师观点

这个问题几乎所有的离婚当事人都会问到。要回答这个问题，就必须清楚法院判决准予双方当事人离婚的法定标准是什么。对此，《民法典》第一千零七十九条给出了明确的答案，即“夫妻感情确已破裂”。换句话说，只有当法院认为夫妻双方的感情确已破裂时，才会判决准予离婚。因此，我们必须清楚地认识怎样才算是“夫妻感情确已破裂”。

“夫妻感情确已破裂”是指夫妻感情破裂，并且已经再也没有和好的可能性。比如，原告起诉离婚，被告也表示同意离婚；或者原告第一次起诉离婚被法院驳回后，六个月之后再次起诉要求离婚，且能够证明夫妻感情没有和好的迹象；又或者夫妻一方存在诸如重婚、家庭暴力、赌博、吸毒等恶习的。

实践中，双方选择诉讼离婚的原因很复杂，在原告第一次起诉而被告明确表示不同意离婚的情况下，如果原告只是笼统地向法院提出如“性格不合”“价值观不同”“日常生活中经常发生争吵”等理由，则离婚的诉请有很大概率会被法院驳回。因此，作为离婚案件的原告，如果想让法院支持自己的诉请，就必须根据实际情况围绕“夫妻感情确已破裂”收集相关证据予以证明。

法条指引

《中华人民共和国民法典》

第一千零七十九条 夫妻一方要求离婚的，可以由有关组织进行调解或者直接向人民法院提起离婚诉讼。

人民法院审理离婚案件，应当进行调解；如果感情确已破裂，调解无效的，应当准予离婚。

有下列情形之一，调解无效的，应当准予离婚：

（一）重婚或者与他人同居；

（二）实施家庭暴力或者虐待、遗弃家庭成员；

（三）有赌博、吸毒等恶习屡教不改；

（四）因感情不和分居满二年；

（五）其他导致夫妻感情破裂的情形。

一方被宣告失踪，另一方提起离婚诉讼的，应当准予离婚。

经人民法院判决不准离婚后，双方又分居满一年，一方再次提起离婚诉讼的，应当准予离婚。

14. “其他导致夫妻感情破裂的情形”是指哪些情形？

案情简介

张某与廖某结婚三年多，未生育子女。廖某平时对张某管得很严，经常因为张某和朋友出去吃饭喝酒回家太晚这类小事与张某争吵，导致张某被朋友和同事调侃为“妻管严”。一次，张某和同事聚会回家晚了，廖某再次与张某发生争吵，张某一气之下提出了离婚，但是廖某并不同意。张某再三考虑之后，下定决心要和廖某离婚。张某在网上查了法律规定，发现他这种情况不属于《民法典》第一千零七十九条规定的夫妻感情破裂的法定情形，但是张某不理解，法律规定的“其他导致夫妻感情破裂的情形”具体是指哪些情形？

律师观点

“其他导致夫妻感情破裂的情形”实际上是《民法典》第一千零七十九条的兜底条款。对此，《最高人民法院关于适用〈中华人民共和国民法典〉婚姻家庭编的解释（一）》第二十三条明确了一种情形属于“其他导致夫妻感情破裂的情形”，即“夫妻双方因是否生育发生纠纷，致使感情确已破裂，一方请求离婚的，人民法院经调解无效，应依照民法典第一千零七十九条第三款第五项的规定处理”。随着社会的发展，影响夫妻双方感情的不确定性因素也随之增多，法院在审理离婚案件过程中遇到的各种问题也趋于复杂化，为了使法院的判决能够适应社会的发展变化，法律必须对认定夫妻感情破裂的因素留出一定的裁判空间。

法条指引

《中华人民共和国民法典》

第一千零七十九条 ……

人民法院审理离婚案件，应当进行调解；如果感情确已破裂，调解无效的，应当准予离婚。

有下列情形之一，调解无效的，应当准予离婚：

……

（五）其他导致夫妻感情破裂的情形。

……

《最高人民法院关于适用〈中华人民共和国民法典〉婚姻家庭编的解释（一）》

第二十三条 夫以妻擅自中止妊娠侵犯其生育权为由请求损害赔偿的，人民法院不予支持；夫妻双方因是否生育发生纠纷，致使感情确已破裂，一方请求离婚的，人民法院经调解无效，应依照民法典第一千零七十九条第三款第五项的规定处理。

15. 有证据证明配偶出轨，为什么法院仍然判决不准离婚？

案情简介

薛某与金某系大学同学，两人在校期间即确立了恋爱关系，毕业后不久便登记结婚，后生育一女。两人婚前的感情基础较深，婚后生活也较为和谐。但金某偶然发现薛某与其同事有不正当男女关系，一怒之下提出了离婚。在法庭审理过程中，薛某承认了自己出轨的事实，但称其已经辞掉了原来的工作，也与之前的同事断绝了关系，并保证以后不会再犯，希望能够得到金某的原谅。法院依法对双方进行调解，但金某坚决离婚，调解无效后，法院最终判决驳回了金某离婚的诉讼请求。金某不解，认为薛某出轨已是证据确凿，为什么法院仍然判决不准离婚？

律师观点

司法实践中，配偶一方有出轨的行为并不等同于“夫妻感情确已破裂”。我们发现，有很多离婚当事人都存在一个严重的误区，即会主观地把外遇、出轨等行为理解为《民法典》第一千零七十九条规定的“与他人同居”。还有很多当事人都认为，只要能证明对方有出轨的事实，法院就会判决对方少分财产。其实这些观念都是错误的。

首先，出轨和外遇都属于对夫妻感情不忠实的行为。而“与他人同居”则是指配偶与婚外的异性不以夫妻名义，持续、稳定地共同居住的行为。虽然现行有效的法律和司法解释并未明确规定同居多久才属于“持续、稳定的共同居住”，但“出轨”“外遇”和“同居”并非同一概念。其次，在离婚案件中，如果配偶一方确有出轨情形，则法院会结合其他客观因素，如双方的婚前感情基础是否稳固、婚后是否生育子女、是否已经分居等综合认定夫妻感情是否破裂，进而作出相应判决。本案中，虽然薛某确有出轨行为，但其在庭审时认错态度诚恳，法院综合考虑到双方自大学时期即恋爱，感情基础较深，婚后双方感情也一直较好，且孩子尚且年幼等因素，最终认定两人的夫妻感情尚未破裂，所以判决驳回金某要求离婚的请求。

法条指引

《中华人民共和国民法典》

第一千零七十九条 ……

人民法院审理离婚案件，应当进行调解；如果感情确已破裂，调解无效的，应当准予离婚。

有下列情形之一，调解无效的，应当准予离婚：

（一）重婚或者与他人同居；

……

《最高人民法院关于适用〈中华人民共和国民法典〉婚姻家庭编的解释（一）》

第二条 民法典第一千零四十二条、第一千零七十九条、第一千零九十一条规定的“与他人同居”的情形，是指有配偶者与婚外异性，不以夫妻名义，持续、稳定地共同居住。

16. 动手打人是否一律认定为夫妻感情破裂？

案情简介

何某与马某经人介绍相识恋爱，结婚后生育一女。婚后双方经常因家庭琐事发生争吵，一天，何某喝酒后再次与马某发生争执，并动手打伤马某，造成马某脸部肌肉挫伤。马某认为何某的行为严重破坏了夫妻感情，给自己和孩子的身心均造成了严重伤害，向法院起诉要求与何某离婚。

庭审中，何某承认打伤马某的事实，并当庭向马某认错道歉，但辩解称自己动手打人虽然不对，但当天是因为喝醉酒后一时失控才动手，并非故意打人，同时强调马某在日常生活中很多时候说话不顾及自己的面子，马某也有一定的过错。为了证明何某的家暴行为，马某向法庭提交了家暴当晚的报警记录、受伤的照片等证据，坚持要求离婚。法院经审理，确认了何某动手殴打马某的事实，但认为该事件系偶然发生，且马某并未提交其他可证明夫妻感情破裂的证据，最终判决不准双方离婚。

律师观点

夫妻间发生争吵甚至动手打架的事情时有发生，但动手打人并不等于夫妻感情破裂。近年来，因家庭暴力而导致一方起诉离婚的案件数量逐渐增多，很多离婚案件都存在或多或少的轻微暴力，但也有一些案件的暴力程度较为恶劣。法院在审理涉及家庭暴力的离婚案件时，通常会结合发生暴力的具体情节和造成的伤害后果综合进行认定。如果夫妻双方平时的感情不好，加害方经常实施伤害行为且程度较为恶劣的，则应认定夫妻感情破裂，判决准予离婚。如果双方平时的感情尚好，伤害行为仅仅是偶然发生且后果并不严重的，则法院也不会轻易认定夫妻感情破裂。

法条指引

《中华人民共和国民法典》

第一千零四十二条第三款　禁止家庭暴力。禁止家庭成员间的虐待和遗弃。

第一千零七十九条　……

人民法院审理离婚案件，应当进行调解；如果感情确已破裂，调解无效的，应当准予离婚。

有下列情形之一，调解无效的，应当准予离婚：

……

（二）实施家庭暴力或者虐待、遗弃家庭成员；

……

《中华人民共和国反家庭暴力法》

第二条　本法所称家庭暴力，是指家庭成员之间以殴打、捆绑、残害、限制人身自由以及经常性谩骂、恐吓等方式实施的身体、精神等侵害行为。

《最高人民法院关于适用〈中华人民共和国民法典〉婚姻家庭编的解释（一）》

第一条　持续性、经常性的家庭暴力，可以认定为民法典第一千零四十二条、第一千零七十九条、第一千零九十一条所称的“虐待”。

《最高人民法院关于办理人身安全保护令案件适用法律若干问题的规定》

第三条　家庭成员之间以冻饿或者经常性侮辱、诽谤、威胁、跟踪、骚扰等方式实施的身体或者精神侵害行为，应当认定为反家庭暴力法第二条规定的“家庭暴力”。

17. 是不是只要能证明配偶有赌博、吸毒等恶习，法院就一定会判决离婚？

案情简介

肖某与陆某结婚后经常因家庭琐事以及陆某有吸毒的恶习发生矛盾。终于，陆某因吸毒被北京市公安局朝阳分局民警抓获。警方作出《强制隔离戒毒/延长强制隔离戒毒决定书》，以陆某符合《禁毒法》第三十八条的规定（经社区戒毒、强制隔离戒毒后再次吸食、注射毒品）为由，决定对陆某强制隔离戒毒两年，并将陆某送到北京市某强制隔离戒毒所戒毒。至此，肖某因对陆某彻底心灰意冷，并向法院提起诉讼，要求与陆某离婚。法院受理后，查明陆某确实多次吸毒的事实，且明显属于屡教不改的情形，最终判决准予双方离婚。

律师观点

在婚姻关系中，如一方染上赌博、吸毒等恶习，通常会给整个家庭带来巨大的负面影响，不仅会影响到夫妻间的感情，对孩子的身心健康成长也是极为不利的，并且此类案件也常常伴随着家庭暴力，严重破坏家庭的和谐安宁。但需要注意的是，《民法典》第一千零七十九条明确强调，犯有赌博、吸毒等需达到“屡教不改”的程度，才是法院判决离婚的标准，如夫妻一方只是偶尔有不良嗜好或恶习，则仍有可能达不到法院准予离婚的认定标准。

本案中，陆某多次吸食、注射毒品，最终被公安机关作出强制隔离戒毒两年的决定，其行为明显属于屡教不改，因此法院认定夫妻感情确已破裂，继而判决准予双方离婚。

法条指引

《中华人民共和国民法典》

第一千零七十九条 ……

人民法院审理离婚案件，应当进行调解；如果感情确已破裂，调解无效的，应当准予离婚。

有下列情形之一，调解无效的，应当准予离婚：

……

（三）有赌博、吸毒等恶习屡教不改；

……

18. 已经分居满两年，法院为何仍不判决离婚？

案情简介

宋某和刘某经他人介绍相识，两人结婚后生有一子。婚后多年两人的感情一直较为稳定。直到孩子高中毕业后，刘某陪同孩子出国留学，此后，宋某便与刘某长期两地分居。一天，宋某突然提出要与刘某离婚。两人协商不成后，宋某向法院提起了诉讼。宋某在开庭时主张，由于刘某长期居住在国外，两人处于长期分居的状态已超过两年，虽然刘某偶尔回国，但夫妻感情已经淡化。刘某却表示不同意离婚，同时指出，宋某离婚的真实原因是其已有外遇。法院经审理后认为，虽然宋某与刘某长期分居，但分居的原因是刘某陪读，并非因双方感情不和而分居，且双方结婚已将近二十年之久，夫妻感情并未破裂，双方仍有和好的可能，因此驳回了宋某要求离婚的诉讼请求。

律师观点

分居，是指夫妻间不再共同生活，不再互相履行夫妻义务，包括停止性生活，经济上不再合作，生活上不再互相关心、互相扶助等。《民法典》之所以将分居满二年作为认定夫妻感情破裂的情形之一，主要是考虑到如果长期分居，客观上必然会影响到夫妻双方的感情。

但《民法典》第一千零七十九条规定的“因感情不和分居满二年”不同于一般意义上的“分居”。很多离婚当事人并未充分理解法律的规定，从而产生误解。

在离婚案件中，如果想适用该条规定，必须注意以下问题：第一，夫妻双方分居的原因必须是感情不和，而不能是因为工作、学习等客观原因导致分居。第二，分居的时间必须已经满二年，满二年的具体计算期间是指，双方从最后一次分居之日起截至起诉时已经两年，该两年时间应当是持续且连贯的，不能将多次分居的期间累计计算。

需要注意的是，《民法典》第一千零七十九条规定，人民法院判决不准离婚后，双方又分居满一年，一方再次提起离婚诉讼的，应当准予离婚。该项规定也明确，如果夫妻双方确实由于感情破裂而长期分居的，应当准予离婚。

法条指引

《中华人民共和国民法典》

第一千零七十九条 ……

人民法院审理离婚案件，应当进行调解；如果感情确已破裂，调解无效的，应当准予离婚。

有下列情形之一，调解无效的，应当准予离婚：

……

（四）因感情不和分居满二年；

……

经人民法院判决不准离婚后，双方又分居满一年，一方再次提起离婚诉讼的，应当准予离婚。

第二章

子女抚养问题

一、如何争取孩子的抚养权

1. 离婚时未满两周岁的孩子能否随父亲生活？

案情简介

齐某与杨某通过交友网站相识恋爱，后双方登记结婚，婚后生育一女。由于双方婚前缺乏了解，冲动结婚，婚后一直争吵不断。杨某很少关心女儿，女儿出生后的全部家务都由齐某及其父母承担。并且齐某发现杨某有出轨行为，遂提出离婚，杨某表示同意离婚，但提出要把女儿带走。齐某及其父母舍不得孩子，想知道像杨某这样作为母亲对孩子不管不顾、品行也有问题的情况，法院还会把孩子判给她吗？

律师观点

根据《民法典》及相关司法解释的规定，两周岁以下的子女，法院通常都会判决随女方共同生活。但母亲有下列情形之一的，也可随父亲生活：一是母亲患有久治不愈的传染性疾病或其他严重疾病，子女不宜与其共同生活的；二是母亲有抚养条件不尽抚养义务的；三是因其他原因，子女确无法随母方生活的，如母亲有不良嗜好或者吸毒、赌博等恶习不利于子女健康成长，或因违法犯罪被判刑等。就本案而言，因目前孩子尚不满两周岁，虽然平时杨某对孩子的关心不足，对婚姻不忠实，但并不属于司法解释所规定的“孩子不宜与女方共同生活”的情形。因此，如诉讼中杨某坚持主张行使孩子的抚养权，则依然会得到法院的支持。

法条指引

《中华人民共和国民法典》

第一千零八十四条 ……

离婚后，不满两周岁的子女，以由母亲直接抚养为原则。已满两周岁的子女，父母双方对抚养问题协议不成的，由人民法院根据双方的具体情况，按照最有利于未成年子女的原则判决。子女已满八周岁的，应当尊重其真实意愿。

《最高人民法院关于适用〈中华人民共和国民法典〉婚姻家庭编的解释（一）》

第四十四条 离婚案件涉及未成年子女抚养的，对不满两周岁的子女，按照民法典第一千零八十四条第三款规定的原则处理。母亲有下列情形之一，父亲请求直接抚养的，人民法院应予支持：

（一）患有久治不愈的传染性疾病或者其他严重疾病，子女不宜与其共同生活；

（二）有抚养条件不尽抚养义务，而父亲要求子女随其生活；

（三）因其他原因，子女确不宜随母亲生活。

2. 如何争取两周岁以上子女的抚养权？

案情简介

叶某与邱某经朋友介绍后恋爱结婚，婚后生育一子邱某某。婚后初期双方感情尚可，后因琐事逐渐矛盾不断。叶某曾向法院起诉要求与邱某离婚，法院经审理后认为双方感情并未完全破裂，尚有和好可能，判决驳回了叶某要求离婚的诉讼请求。判决生效六个月后，叶某准备再次起诉离婚。再次起诉前，叶某咨询律师，想知道目前孩子已经超过两周岁，如果诉讼中邱某也坚持要孩子，法院有可能把孩子判给他吗？

律师观点

实践中，当父母双方对子女抚养权问题产生争议时，法院通常会进行调解，尽可能促使父母双方协商解决。一旦双方无法达成协议，法院则会根据父母双方的抚养能力和抚养条件等具体情况综合进行判断。对于两周岁以上未成年子女的抚养权归属问题，《最高人民法院关于适用〈中华人民共和国民法典〉婚姻家庭编的解释（一）》作出了列举式的规定，如父母一方有下列情形之一的，可以优先行使孩子的抚养权：一是已做绝育手术或丧失生育能力的；二是子女随其生活时间较长，改变生活环境对子女健康成长明显不利的；三是另一方已有其他子女的；四是子女随其生活，对子女成长有利，而另一方有不利于子女身心健康的情形，不宜与子女共同生活的。

本案中，虽然叶某再次起诉时，孩子邱某某已经年满两周岁，但是叶某并不存在上述不利于抚养孩子的情形，如邱某也不存在上述有利于抚养孩子的特殊情形，则法院仍会将孩子的抚养权判归叶某行使。

法条指引

《最高人民法院关于适用〈中华人民共和国民法典〉婚姻家庭编的解释（一）》

第四十六条　对已满两周岁的未成年子女，父母均要求直接抚养，一方有下列情形之一的，可予优先考虑：

（一）已做绝育手术或者因其他原因丧失生育能力；

（二）子女随其生活时间较长，改变生活环境对子女健康成长明显不利；

（三）无其他子女，而另一方有其他子女；

（四）子女随其生活，对子女成长有利，而另一方患有久治不愈的传染性疾病或者其他严重疾病，或者有其他不利于子女身心健康的情形，不宜与子女共同生活。

3. 法院判决抚养权归属的首要标准是什么？

案情简介

赵某与孟某相识后建立恋爱关系，结婚后生育一女。婚姻初期，双方感情尚可。但女儿出生后，赵某整日忙于工作，对女儿陪伴较少，双方也因女儿的抚养、教育问题争吵不断。之后孟某首先提出离婚，赵某同意离婚，但坚决不放弃女儿的抚养权，孟某便起诉至法院。法院经审理认为，双方系自由恋爱，本来有一定的感情基础，但双方在婚后未能正确处理家庭琐事，以致影响夫妻感情。现双方都表示无法再继续共同生活，故法院准予离婚。考虑到孩子尚且年幼，且日常生活中女方对孩子的照顾较多，故离婚后孩子随女方共同生活对孩子更为有利。最终法院判决由孟某行使孩子的抚养权。

律师观点

一直以来，“有利于子女的身心健康”是法院判决抚养权归属的首要标准。在涉及子女抚养权问题的离婚案件中，很多时候父母双方都会坚决主张抚养权，互不让步。在这种情况下，法院必须充分考虑父母双方的实际抚养能力以及抚养条件等各种因素，综合判断由哪一方行使抚养权才是真正对子女更有利。实践中，法院判决的主要参考因素包括但不限于父母双方的个人素质、对子女的责任感、家庭环境、经济能力、与子女之间的感情、子女的性别及年龄等，对于已经年满八周岁的子女还会征求其本人的意见。

需要注意的是，《民法典》第一千零八十四条明确指出，法院对于离婚后子女的抚养问题应当按照“最有利于未成年子女的原则”进行判决。根据上述规定，今后法院在判决抚养权归属时，必须始终把未成年子女的利益作为最重要的考量因素。

法条指引

《中华人民共和国民法典》

第一千零八十四条 父母与子女间的关系，不因父母离婚而消除。离婚后，子女无论由父或者母直接抚养，仍是父母双方的子女。

离婚后，父母对于子女仍有抚养、教育、保护的权利和义务。

离婚后，不满两周岁的子女，以由母亲直接抚养为原则。已满两周岁的子女，父母双方对抚养问题协议不成的，由人民法院根据双方的具体情况，按照最有利于未成年子女的原则判决。子女已满八周岁的，应当尊重其真实意愿。

4. 父母双方能否轮流抚养孩子？

案情简介

严某与周某经朋友介绍相识恋爱，结婚后生育一女。双方婚前了解不够，婚后逐渐发现两人性格严重不合。为了争夺孩子的抚养权，严某起诉离婚，法院开庭审理后，考虑到孩子年幼，且夫妻感情远未到无法挽回的地步，故判决不准离婚。后双方感情仍未有所改善，半年后严某再次起诉要求离婚，诉讼双方均要求轮流抚养孩子，法院认为双方都具备抚养孩子的能力和条件，由双方轮流抚养更有利于孩子的身心健康成长，最终判决孩子先由严某抚养一年，再由周某抚养一年，双方轮流抚养至孩子成年时止。

律师观点

《最高人民法院关于适用〈中华人民共和国民法典〉婚姻家庭编的解释（一）》第四十八条规定，“在有利于保护子女利益的前提下，父母双方协议轮流直接抚养子女的，人民法院应予支持”。可以看出，法律允许父母双方轮流抚养孩子，但有两个前提条件：一是必须有利于保护子女利益；二是双方必须达成一致协议。

实践中，有的法院在综合评估子女利益以及父母双方的抚养条件之后确实准予轮流抚养。从某种意义上看，轮流抚养能够适当减少父母离婚给孩子幼小心灵带来的影响。父母双方对于孩子抚养权的最大争议点，主要是孩子两岁到八岁的抚养权。因为孩子两岁以前，法院大多会将抚养权判给母亲。而孩子八岁以后，则可以独立选择随父方或母方生活。因此，在条件允许的情况下，父母双方轮流抚养这种方式也不失为一种合适的选择。

法条指引

《最高人民法院关于适用〈中华人民共和国民法典〉婚姻家庭编的解释（一）》

第四十八条 在有利于保护子女利益的前提下，父母双方协议轮流直接抚养子女的，人民法院应予支持。

5. 孩子的祖父母或外祖父母能帮助争取抚养权吗？

案情简介

孙某和姚某结婚后生育一子。由于双方缺少沟通，经常发生争执，久而久之感情逐渐变淡。姚某首先提出要和孙某离婚，但双方家人均极力劝阻，姚某考虑到孩子还小，为了孩子决定再给自己和孙某一次机会，但双方感情并未有所好转。双方在生活中频繁争吵，后姚某起诉至法院要求离婚。诉讼中，双方都表示同意离婚，但都要求由自己行使孩子的抚养权。法院调查发现，孩子多年来一直由被告孙某的父母负责照顾，且孙某的父母也明确表示愿意继续帮助孙某抚养孩子，经询问，孩子同意由父亲孙某抚养，最终法院判决孩子随父亲孙某共同生活。

律师观点

孩子的祖父母或外祖父母的意见对争取抚养权有一定的帮助，但不是决定性的因素。只有在父方与母方抚养子女的条件基本相同，子女单独随祖父母或外祖父母共同生活多年，祖父母或外祖父母要求并且有能力帮助子女照顾孙子女或外孙子女的情况下，法院才会将其意见作为子女随父或母生活的优先条件予以考虑。近年来，很多孩子的父母日常工作颇为繁忙，平时没有足够的时间和精力照顾孩子，孩子主要由祖父母或外祖父母照看。在这种情况下，祖父母或外祖父母对孩子的抚养意见会对争取抚养权起到一定的帮助性作用。

法条指引

《最高人民法院关于适用〈中华人民共和国民法典〉婚姻家庭编的解释（一）》

第四十七条 父母抚养子女的条件基本相同，双方均要求直接抚养子女，但子女单独随祖父母或者外祖父母共同生活多年，且祖父母或者外祖父母要求并且有能力帮助子女照顾孙子女或者外孙子女的，可以作为父或者母直接抚养子女的优先条件予以考虑。

6. 父母双方都拒绝抚养孩子，法院如何确定抚养权？

案情简介

王某与冀某于结婚后生育一子，孩子出生后一直在王某家中生活，平时主要由王某的父母负责照顾。双方婚前了解不够，结婚仓促，婚后经常发生争吵，婆媳关系也不和睦。后冀某向法院起诉离婚，但因故撤诉。数月后，冀某再次起诉要求离婚。庭审过程中，双方均同意离婚，但双方均以没有抚养能力为由拒绝抚养孩子。法院经审理后认为，双方婚后未能建立良好的夫妻感情，现冀某已两次起诉离婚，足以证明双方感情破裂，故准予双方离婚。关于孩子的抚养问题，考虑到其一直跟随王某的父母生活，如果改变孩子的生活环境将不利于孩子的健康成长，遂判决孩子由王某抚养。

律师观点

《民法典》第一千零八十四条明确规定，父母对子女有抚养、教育的义务。但实践中，确实有一些离婚当事人出于各种考虑会表示拒绝抚养孩子。在父母双方都表示拒绝抚养孩子的情况下，法院通常会采用以下两种判决方式：一是根据《最高人民法院关于适用〈中华人民共和国民法典〉婚姻家庭编的解释（一）》第六十条的规定，在判决准予双方离婚的同时，根据实际情况直接判决孩子由其中一方抚养；二是认为父母双方均拒绝抚养孩子属于“不利于未成年子女的身心健康成长”之情形，直接判决双方不准离婚。

法条指引

《中华人民共和国民法典》

第一千零八十四条 父母与子女间的关系，不因父母离婚而消除。离婚后，子女无论由父或者母直接抚养，仍是父母双方的子女。

离婚后，父母对于子女仍有抚养、教育、保护的权利和义务。

……

《最高人民法院关于适用〈中华人民共和国民法典〉婚姻家庭编的解释（一）》

第六十条 在离婚诉讼期间，双方均拒绝抚养子女的，可以先行裁定暂由一方抚养。

7. 不适宜抚养孩子的情形有哪些？

案情简介

丁某与楚某经人介绍相识，恋爱数月后登记结婚，后生育一子。双方婚前感情基础不深，婚后也没有建立起夫妻感情。丁某性格内向，不爱与人交流，结婚后一直没有稳定工作，且缺乏家庭责任感。孩子出生后不久，楚某即带孩子回娘家居住生活，此后双方一直处于分居状态。楚某作为原告起诉至法院要求离婚，丁某表示同意。关于孩子的抚养问题，法院考虑到孩子自幼一直跟随母亲楚某共同生活，而父亲丁某自孩子出生后从未支付过任何抚养费用，责任心明显不足，不适宜抚养、照顾孩子，最终法院判决准予双方离婚，孩子继续跟随楚某共同生活。

律师观点

《民法典》并未对哪些情形不适宜抚养孩子作出具体规定，但从司法解释的相关规定中可以看出，如果父母一方患有久治不愈的传染性疾病或者其他严重疾病，有吸毒、赌博、酗酒等恶习，有家庭暴力的行为，有抚养条件而不尽抚养义务，或者存在其他不利于子女身心健康等不宜与子女共同生活的情形，均可认定为不适宜抚养孩子。本案中，法院在判决抚养权归属时，明确将父母对孩子的责任心作为一项重要的裁判依据。因此，在诉讼中如能证明对方确实存在不适宜抚养孩子的情形，将会增加争取到抚养权的把握。

法条指引

《中华人民共和国民法典》

第一千零八十四条 ……

离婚后，不满两周岁的子女，以由母亲直接抚养为原则。已满两周岁的子女，父母双方对抚养问题协议不成的，由人民法院根据双方的具体情况，按照最有利于未成年子女的原则判决。子女已满八周岁的，应当尊重其真实意愿。

《最高人民法院关于适用〈中华人民共和国民法典〉婚姻家庭编的解释（一）》

第四十四条 离婚案件涉及未成年子女抚养的，对不满两周岁的子女，按照民法典第一千零八十四条第三款规定的原则处理。母亲有下列情形之一，父亲请求直接抚养的，人民法院应予支持：

（一）患有久治不愈的传染性疾病或者其他严重疾病，子女不宜与其共同生活；

（二）有抚养条件不尽抚养义务，而父亲要求子女随其生活；

（三）因其他原因，子女确不宜随母亲生活。

第四十六条 对已满两周岁的未成年子女，父母均要求直接抚养，一方有下列情形之一的，可予优先考虑：

（一）已做绝育手术或者因其他原因丧失生育能力；

（二）子女随其生活时间较长，改变生活环境对子女健康成长明显不利；

（三）无其他子女，而另一方有其他子女；

（四）子女随其生活，对子女成长有利，而另一方患有久治不愈的传染性疾病或者其他严重疾病，或者有其他不利于子女身心健康的情形，不宜与子女共同生活。

8. 女方名下没有房产，法院会把孩子判给男方吗？

案情简介

董某与苏某系大学同学，相恋多年后结婚，并生育一子。由于董某在生活中十分强势，经常将工作中的负面情绪带回家，两人不断发生争吵。后苏某向法院起诉要求离婚，董某同意离婚，但要求孩子由自己抚养。董某在开庭时提出，自己名下现有一套学区房，而苏某名下无任何住房，因此自己能够为孩子提供更好的生活和学习环境。法院经审理后查明，苏某个人名下虽无住房，但苏某在某公司已工作五年，有固定的收入来源，具备抚养孩子的基本经济条件，且自双方分居后至今，孩子一直跟随苏某共同生活。最终法院判决孩子由母亲苏某抚养。

律师观点

男女双方的经济状况是法院确定孩子抚养权归属的主要参考因素之一，但并不是决定性因素。法院在确定子女抚养权时虽然会考察双方的经济能力，但主要考察的是主张行使抚养权一方是否具备抚养孩子的基本经济能力。除此之外，法院还要考察哪方能够给孩子提供更为安全、健康的成长环境。本案中，虽然男方的经济条件比女方优越，但女方也有稳定的工作收入，已具备独立抚养孩子的基本能力和条件，且孩子长期和女方共同生活，已经形成了深厚的母子感情，故法院最终将孩子的抚养权判归女方行使。

法条指引

《中华人民共和国民法典》

第一千零八十四条 ……

离婚后，不满两周岁的子女，以由母亲直接抚养为原则。已满两周岁的子女，父母双方对抚养问题协议不成的，由人民法院根据双方的具体情况，按照最有利于未成年子女的原则判决。子女已满八周岁的，应当尊重其真实意愿。

二、抚养费的给付

9. 抚养费的数额如何确定？

案情简介

汪某与李某婚后生育一女。双方感情基础薄弱，婚后才发现性格差异较大，经常发生争吵。尤其是在孩子出生后，双方的矛盾不但没有好转，反而更加恶化。李某经过多次尝试与汪某沟通交流无果后，下定决心，与孩子一同搬离了原来的住所，双方正式分居。分居数月后，李某起诉至法院提出离婚，要求孩子跟随自己共同生活，汪某支付抚养费。法院审理时，汪某表示同意离婚，亦同意孩子跟随母亲李某共同生活，并承认自己目前的月收入为 8000 元。最终法院判决孩子由李某抚养，汪某每月支付抚养费 2000 元。

律师观点

抚养费通常包括孩子必要的生活费、教育费、医疗费等费用，父母双方离婚后，不直接抚养孩子一方应当支付部分或全部抚养费。抚养费的数额，应当根据子女的实际生活需要、父母双方的实际负担能力并结合子女所在地的实际生活水平综合确定。通常有两种计算方式：一是对于有固定收入的，抚养费一般可按照其月总收入的 20%—30% 的比例给付。负担两个以上子女抚养费的，比例可适当提高，但一般不得超过月总收入的 50%。二是对于没有固定收入的，抚养费的数额可依据其当年总收入或其所处同行业的平均收入，参照上述比例确定。根据北京市的相关规定，抚养费计算时所依据的月总收入，是指税后年总实际收入按月均计算的实际收入，包括住房公积金、年终奖、季度奖等实际收入。

法条指引

《最高人民法院关于适用〈中华人民共和国民法典〉婚姻家庭编的解释（一）》

第四十九条 抚养费的数额，可以根据子女的实际需要、父母双方的负担能力和当地的实际生活水平确定。

有固定收入的，抚养费一般可以按其月总收入的百分之二十至三十的比例给付。负担两个以上子女抚养费的，比例可以适当提高，但一般不得超过月总收入的百分之五十。

无固定收入的，抚养费的数额可以依据当年总收入或者同行业平均收入，参照上述比例确定。

有特殊情况的，可以适当提高或者降低上述比例。

10. 抚养费能要求给付到孩子大学毕业吗？

案情简介

于某与朱某婚后生有一女。由于双方感情基础一般，婚姻关系存续期间也没有注重夫妻感情的培养，致使夫妻关系恶化。在经过了四年的婚姻后，朱某终于起诉离婚，要求由自己抚养孩子，并且由于某每月支付抚养费至孩子大学毕业时止。法院审理过程中，于某表示同意离婚，但提出希望由自己行使孩子的抚养权，并表示可以不用朱某支付抚养费。法院考虑到孩子尚不满两周岁，由母亲朱某抚养为宜，于某定期支付孩子的抚养费，具体数额根据孩子目前的实际需要及于某的支付能力等因素综合确定。最终法院判决孩子由朱某抚养，于某每月给付抚养费2000元，至孩子年满十八周岁止。

律师观点

根据《最高人民法院关于适用〈中华人民共和国民法典〉婚姻家庭编的解释（一）》第五十三条第一款的规定，抚养费的给付期限，一般至子女十八周岁为止。但在实践中，很多离婚当事人都会要求不直接抚养孩子的一方给付抚养费直到孩子大学毕业为止。现实生活中，确实绝大多数已经上大学的成年子女并没有独立生活的能力，上学期间的生活费和教育费仍然要依靠父母。从目前的社会现状来看，直接抚养孩子一方主张由父母共同承担孩子在校期间的费用有一定道理，但法院在处理此类问题时，必须严格遵照法律的相关规定进行裁判，对于孩子抚养费的给付期限，仅能支持至孩子年满十八周岁为止。

法条指引

《最高人民法院关于适用〈中华人民共和国民法典〉婚姻家庭编的解释（一）》

第五十三条 抚养费的给付期限，一般至子女十八周岁为止。

十六周岁以上不满十八周岁，以其劳动收入为主要生活来源，并能维持当地一般生活水平的，父母可以停止给付抚养费。

11. 离婚时能要求对方支付分居期间的抚养费吗？

案情简介

袁某与常某在工作过程中相识，恋爱两年后，结婚并生育一子。婚后初期双方感情尚可，后因性格不合经常发生矛盾，双方协商离婚未果，开始分居生活。分居一年后，袁某向法院起诉离婚。诉讼中，常某表示同意离婚，但要求孩子由自己抚养，袁某按照其月收入的30%支付抚养费，并要求袁某支付双方分居期间的抚养费3万元。法院查明，袁某月收入为6000元，自与常某分居至今，从未负担过孩子的抚养费。最终法院判决孩子随常某共同生活，袁某每月给付孩子抚养费1500元，至孩子年满十八周岁止；于判决生效后十日内给付双方分居期间的抚养费2万元。

律师观点

《民法典》明确规定，父母对子女有抚养、教育的义务。因此，不直接抚养子女的一方不仅离婚后要承担一定比例的抚养费，在婚姻关系存续期间更应承担。据统计，相当数量的离婚案件中，夫妻双方在离婚前都曾经分居过一段时间，分居期间大多由父或母一方独自承担孩子的抚养费。因此，双方离婚时，直接抚养子女一方可以要求对方负担分居期间所产生的抚养费。

虽然《民法典》和相关司法解释并未明确规定离婚时，实际抚养子女配偶一方可以要求未实际抚养子女的配偶方支付分居期间产生的抚养费，但在司法实践中，对于夫妻双方在分居期间，子女由一方抚养而实际产生的抚养费、医疗费，一方明确将其作为诉讼请求提出的，法院通常会考虑一并处理。这是因为，一方面，法律并未禁止离婚时一方向另一方主张分居期间实际产生的子女抚养费、医疗费；另一方面，抚养子女本就是夫妻双方共同的法定义务，在离婚时一并予以处理，既符合公平原则，又可以减轻当事人的诉累。不过，实践中也存在不同观点，对于分居期间的子女抚养费纠纷，有的法院会要求当事人在离婚纠纷案件结束后，由子女为原告另行起诉。

需要注意的是，虽然实践中很多法院支持当事人主张分居期间的抚养费用，但当事人仍需提供分居期间抚养费产生的相关证据。

法条指引

《中华人民共和国民法典》

第一千零六十七条第一款　父母不履行抚养义务的，未成年子女或者不能独立生活的成年子女，有要求父母给付抚养费的权利。

12. 什么情况下可以要求增加抚养费？

案情简介

原告骆某某系被告骆某的亲生女儿。几年前，原告父母因感情不和经法院调解离婚，离婚调解书中约定，原告骆某某由其母亲抚养，被告骆某每月支付抚养费 1800 元。随着物价的上涨，骆某某生活、学习、医药等费用开销也逐渐增多，原调解书中每月 1800 元的抚养费已不够用，因被告不同意增加抚养费，故原告起诉至法院，要求从现在开始被告每月支付抚养费数额增加到 4000 元，至原告年满十八周岁止。庭审中，被告表示抚养费数额是经法院调解后双方自愿达成的，虽然现在物价有所上涨，但原告主张的 4000 元标准过高。同时，被告骆某表示，如果原告的母亲认为自己没有能力抚养孩子，则申请将抚养权改判归骆某行使。

法院经审理后认为，双方虽然之前在离婚调解书中明确约定了抚养费的数额，但随着孩子年龄的不断增长，目前生活、学习所需的各项费用确实有所增加，故原告骆某某要求增加抚养费的诉讼请求于法有据，具体数额应当根据孩子目前的实际生活需要、父母双方的负担能力和当地的实际生活水平综合确定。最终法院判决宣告被告骆某自判决之日起每月给付原告骆某某抚养费 2500 元，至原告骆某某年满十八周岁。

律师观点

法律明确规定，关于子女抚养费的协议或判决，不妨碍子女在必要时向父母任何一方提出超过协议或判决原定数额的合理要求。实践中，虽然夫妻双方在离婚时都会对子女抚养费给付的具体金额、期限等作出明确约定，但离婚后，随着时间的推移、物价的上涨等原因，子女日常所需的生活、教育、医疗等费用的开支必然也会增长，甚至会给直接抚养子女一方的生活带来较大压力。因此，如果夫妻双方在离婚时所确定的抚养费数额已经无法满足子女目前的正常生活需要，则子女可以向负担抚养费一方提出增加抚养费。

法院在审理增加抚养费案件时，主要考虑以下两个方面因素：一是之前确定的抚养费数额是否已无法满足子女目前的实际生活需要；二是负担抚养费一方是否有相应的支付能力。最终结合当地的实际生活水平等因素综合认定抚养费增加的标准。

法条指引

《最高人民法院关于适用〈中华人民共和国民法典〉婚姻家庭编的解释（一）》

第五十八条 具有下列情形之一，子女要求有负担能力的父或者母增加抚养费的，人民法院应予支持：

（一）原定抚养费数额不足以维持当地实际生活水平；

（二）因子女患病、上学，实际需要已超过原定数额；

（三）有其他正当理由应当增加。

13. 什么情况下可以要求减少抚养费？

案情简介

被告黄某系原告黄某某的亲生父亲，黄某与何某几年前协议离婚。双方在离婚协议中约定，被告黄某每月支付原告黄某某抚养费2500元，起初，被告都是按月足额支付抚养费。但最近几个月，被告开始拒绝支付抚养费，协商无果后，原告起诉至法院，要求被告继续按每月2500元的标准支付原告抚养费，并要求被告支付原告拖欠的抚养费1万元。法院审理过程中，被告黄某称其因遭遇交通事故受伤，导致多处严重骨折，经鉴定为九级伤残，至今无法正常工作，相关医疗费用、保险费等均需要通过诉讼程序后方能获得保险公司理赔，并非故意拖欠抚养费。被告黄某同时提出，因自己受伤期间没有工资收入，请求法院适当减少抚养费数额。

法院经审理后认为，被告黄某与原告母亲在离婚协议中所约定的抚养费系双方真实意思表示，对双方均有约束力。但被告确因伤致残，导致收入情况变动，故其提出适当减少抚养费的要求于法有据，但被告在受伤前所拖欠的抚养费仍应履行。最终法院判决：一、被告黄某每月给付原告黄某某抚养费1500元，至原告黄某某年满十八周岁止；二、被告黄某于判决生效后十日内补付原告黄某某抚养费5000元。

律师观点

实践中，负有抚养费给付义务的一方如发生以下情形，可以请求减少抚养费：一是由于长期患病或受伤等原因，失去经济来源，确实没有能力按照之前的协议或判决确定的数额给付的；二是因为犯罪被判处刑罚，在押期间无力给付的；三是直接抚养子女一方再婚后，孩子的继父或者继母自愿负担孩子抚养费的。需要注意的是，虽然在发生上述特殊情形时，抚养费给付义务一方可以申请减少抚养费，但在特殊情形消除后，负有抚养费给付义务的一方经济状况好转时，则应当继续履行给付义务。

法条指引

《最高人民法院关于适用〈中华人民共和国民法典〉婚姻家庭编的解释（一）》

第四十九条　抚养费的数额，可以根据子女的实际需要、父母双方的负担能力和当地的实际生活水平确定。

有固定收入的，抚养费一般可以按其月总收入的百分之二十至三十的比例给付。负担两个以上子女抚养费的，比例可以适当提高，但一般不得超过月总收入的百分之五十。

无固定收入的，抚养费的数额可以依据当年总收入或者同行业平均收入，参照上述比例确定。

有特殊情况的，可以适当提高或者降低上述比例。

14. 为孩子上学支付的择校费，能否要求另一方分担？

案情简介

被告林某系原告林某某的父亲，林某某的母亲谢某与被告林某经法院判决离婚，后原告随其母亲谢某共同生活，父亲林某每月支付抚养费 1200 元。几个月前，谢某为原告林某某上中学支付了择校费 3 万元。谢某找到被告林某，要求林某分担一半金额的择校费，林某认为谢某事先没有与自己协商，故不同意承担，后原告起诉至法院。法院经审理后认为，谢某为原告林某某所支付的择校费并非孩子上学所必需的教育费用，且缴费前未与被告林某协商一致，故原告要求被告分担该费用的主张缺乏法律依据，不应支持。

律师观点

抚养费通常包括生活费、教育费、医疗费，为孩子上学支付的择校费应当属于教育费的范畴。但需注意的是，择校费不同于一般的教育费用，在支出前需要父母双方协商一致，如果未经双方协商，一方擅自支付后要求另一方分担的，有可能不被支持。《民法典》明确规定，离婚后，子女由一方直接抚养的，另一方应当负担部分或者全部抚养费，负担费用的多少和期限的长短，由双方协议；协议不成的，由人民法院判决。

实践中，教育费通常是指依照国家相关法律或政策规定，孩子接受正常教育所需的基本费用。显然，孩子的择校费已经超出了基本教育费用的范畴，因此在支出前应当经父母双方协商一致。本案中，谢某在未与林某协商一致的情况下，擅自为孩子林某某支付择校费，最终法院驳回了原告要求被告分担该笔费用的请求。

法条指引

《中华人民共和国民法典》

第一千零八十五条第一款 离婚后，子女由一方直接抚养的，另一方应当负担部分或者全部抚养费。负担费用的多少和期限的长短，由双方协议；协议不成的，由人民法院判决。

三、探望权的行使

15. 离婚时，法院如何判决探望权？

案情简介

潘某与刘某结婚两年后生有一子潘某某。双方婚后感情一般，经常因琐事产生矛盾，孩子两岁左右，双方就开始分居。分居一年后，刘某起诉至法院要求与潘某离婚，并要求孩子潘某某随自己共同生活。法院审理过程中，潘某表示同意离婚，也同意孩子由女方抚养，但要求每周探望孩子一次。对此，刘某表示，如潘某每周都探望孩子将会影响孩子的学习，探望的频率最好是每月一次。法院综合考虑双方的诉求，认为在不影响孩子正常生活和学习的情况下，应允许潘某每两周探望一次。最终法院判决，潘某每两周可以探望孩子一次，探望的方式为周五下午6点潘某自行将孩子从刘某处接走，并于周日下午6点前将孩子送回，刘某应予协助。

律师观点

在离婚案件中，探望权的具体行使涉及很多细节问题，包括每月探望孩子的次数、具体探望的时间段、是否将孩子接走过夜、接送孩子的具体时间和地点等。为了使双方在离婚后能够相互协助对孩子进行探望，避免因探望问题再次发生矛盾，法院通常会在庭审时充分尊重双方的意见，如果双方能够协商一致，则法院即可根据双方的意见出具调解书或判决书；如果双方对探望的细节问题无法达成一致，则法院将会依据有利于孩子身心健康的原则进行判决。

法条指引

《中华人民共和国民法典》

第一千零八十六条　离婚后，不直接抚养子女的父或者母，有探望子女的权利，另一方有协助的义务。

行使探望权利的方式、时间由当事人协议；协议不成的，由人民法院判决。

父或者母探望子女，不利于子女身心健康的，由人民法院依法中止探望；中止的事由消失后，应当恢复探望。

16. 祖父母或外祖父母是否享有探望孙子女或外孙子女的权利？

案情简介

万某与何某经自由恋爱后登记结婚，并生育一女万某某。由于夫妻二人常年忙于各自的工作，孩子万某某长期由万某的父母照看，孩子与祖父母形成了十分深厚的感情。孩子五岁时，万某与何某夫妻感情逐渐出现问题，两人在处理生活问题时意见经常不一致，并且都不愿意为了对方妥协让步。万某认为双方夫妻感情已经破裂，无法再继续共同生活。在法院组织调解时，孩子的祖父母向法院表示，无论孩子父母是否离婚，两个老人都愿意继续协助抚养孩子，并且希望法院能准予两个老人对孩子进行探望。最终在法院的主持下，双方当事人自愿达成调解协议如下：一、原告万某与被告何某离婚；二、万某某由被告何某抚养，原告万某每月支付抚养费3000元，给付至万某某年满十八周岁止。调解过程中，被告何某也表示同意两位老人定期对孩子进行探望。

律师观点

《民法典》第一千零八十六条第一款规定："离婚后，不直接抚养子女的父或者母，有探望子女的权利，另一方有协助的义务。"根据《民法典》的规定，探望权的行使主体应当是不直接抚养子女的父亲或母亲，并不包括孩子的祖父母或外祖父母。但现实生活中，很多孩子的父母平时忙于工作，祖父母或外祖父母可能对孩子的陪伴更多，一旦孩子的父母离婚，孩子的祖父母或外祖父母也希望对孩子进行探望。也正是考虑到上述情况，在《民法典》制定过程中曾经考虑是否增加"隔代探望权"条款，附条件地给予祖父母、外祖父母探望孩子的权利，但最终实施的《民法典》未对隔代探望权作明确规定，或许这并不能成为否定隔代探望权的依据，但可能成为祖父母、外祖父母"原则上"不享有该权利的理由。

具体到本案中，原、被告双方以调解方式离婚，但是并没有明确探望权的行使问题。这主要有两个原因：一方面，双方都能够理性地考虑孩子和老人的感受。由于孩子长期由祖父母进行照料，已经形成了亲密的祖孙感情，同意祖父母探望孩子，将有利于孩子的健康成长。另一方面，法院通常也并不能在裁判文书中直接确认祖父母对孩子享有探望权。

此外，现实生活中，也有很多离婚当事人出于各种原因的考虑，不要求法院在离婚案件中对探望权一并作出处理，而选择双方自行协商解决。这时，法院也会尊重双方的意愿，在离婚案件中不处理探望权问题，并告知双方如以后对探望权问题发生争议，可在离婚判决作出后另行起诉。

法条指引

《中华人民共和国民法典》

第一千零八十六条第一款 离婚后，不直接抚养子女的父或者母，有探望子女的权利，另一方有协助的义务。

《最高人民法院关于适用〈中华人民共和国民法典〉婚姻家庭编的解释（一）》

第六十五条 人民法院作出的生效的离婚判决中未涉及探望权，当事人就探望权问题单独提起诉讼的，人民法院应予受理。

17. 什么情况下可以申请中止探望？

案情简介

戴某与段某原系夫妻，两人因感情破裂起诉至法院。法院经审理后判决双方离婚，孩子段某某由戴某抚养，一并对段某的探望权细节作出了判决。后戴某再婚，准备带孩子一起移民国外。为此，戴某与段某多次为探望段某某的问题发生矛盾，并一度导致段某与段某某难以相处。在戴某和段某某办理移民手续过程中，需要段某配合签字同意，但段某坚决反对段某某移民，导致矛盾激化。最终戴某以段某探望段某某已经严重影响孩子的身心健康为由，向法院申请中止段某继续探望。法院受理后依法询问了各方的意见，段某某也明确表示不愿意让段某继续探望。最终法院作出裁定，中止段某对段某某行使探望权，直至段某与段某某矛盾化解，并且段某某同意恢复探望之日止。

律师观点

根据《民法典》及司法解释的相关规定，当事人在履行生效判决、裁定或者调解书的过程中，如发现探望子女一方有不利于子女身心健康的情形时，可以向法院提出中止行使探望权的申请，法院认为需要中止行使探望权的，应当依法作出裁定。

实践中，申请中止探望需要注意以下几点：第一，有权向法院提出中止探望权行使的人包括未成年子女、直接抚养子女的父或母，以及其他对未成年子女负担抚养、教育义务的法定监护人；第二，“不利于子女身心健康”通常是指父或母一方患有严重的精神疾病、传染性疾病，有吸毒、赌博等恶习，或者对子女有暴力行为等情形；第三，中止探望不属于法院在审判程序中予以处理的诉求，应当依法向法院提出申请，由法院依法作出裁定。

法条指引

《最高人民法院关于适用〈中华人民共和国民法典〉婚姻家庭编的解释（一）》

第六十六条 当事人在履行生效判决、裁定或者调解书的过程中，一方请求中止探望的，人民法院在征询双方当事人意见后，认为需要中止探望的，依法作出裁定；中止探望的情形消失后，人民法院应当根据当事人的请求书面通知其恢复探望。

第六十七条 未成年子女、直接抚养子女的父或者母以及其他对未成年子女负担抚养、教育、保护义务的法定监护人，有权向人民法院提出中止探望的请求。

18. 对方不按期给付抚养费，能不能不让其探望孩子？

案情简介

田某与陈某因夫妻感情不和，自行到北京市海淀区婚姻登记处办理了离婚手续，约定孩子田某某由陈某抚养，田某每月支付抚养费 2000 元，但双方未对探望权作出具体约定。之后田某要求探望孩子时，陈某多次以影响孩子学习、孩子生病等各种理由予以拒绝。于是田某以陈某阻碍自己行使探望权为由，停止支付孩子的抚养费，并且起诉至法院，要求法院对探望权的行使作出判决。

法院审理过程中，陈某表示，同意田某进行探望，但必须当天将孩子送回，不同意田某将孩子带走过夜，并且提出田某拖欠孩子的抚养费，如田某不给付抚养费，就不同意探望。法院认为，田某提出对孩子进行探望的请求于法有据，应当予以支持，陈某提出的如田某不给付抚养费就不能探望孩子的主张不符合法律规定。关于探望权行使的具体方式和时间，因双方无法自行协商，法院将从有利于孩子身心健康的角度酌定。最终法院判决，自判决生效之日起，每月第一周的星期六上午9时，田某至陈某处接走田某某，于次日上午9时将田某某送回陈某处；每月第三周的星期六下午5时，田某至陈某处接走田某某，于次日下午5时将田某某送回陈某处，陈某应予以协助。

律师观点

《民法典》第一千零八十六条第一款明确规定，“离婚后，不直接抚养子女的父或者母，有探望子女的权利，另一方有协助的义务”。从该规定可以看出，探望权是不直接抚养子女一方的法定权利，并且父亲或母亲的探望也有利于孩子的身心健康。所以直接抚养子女一方不仅不得随意阻挠探望权的行使，还应当予以协助。当然，抚养费的给付也是不直接抚养子女一方的义务，如其不按照约定或判决确定的数额和期限给付抚养费，可以另行起诉或依法申请强制执行，但不得以此阻碍探望权的行使。

法条指引

《中华人民共和国民法典》

第一千零八十六条第一款　离婚后，不直接抚养子女的父或者母，有探望子女的权利，另一方有协助的义务。

《最高人民法院关于适用〈中华人民共和国民法典〉婚姻家庭编的解释（一）》

第六十五条　人民法院作出的生效的离婚判决中未涉及探望权，当事人就探望权问题单独提起诉讼的，人民法院应予受理。

19. 探望权能否申请法院强制执行？

案情简介

金某与姜某因夫妻感情不和经法院调解离婚，离婚调解书中明确规定，孩子金某某跟随姜某共同生活，金某每两周可探望金某某一次，具体的时间为每月第二周的周五下午6时至周日下午6时。调解书生效后，姜某多次拒绝金某探望孩子，故金某向法院提出强制执行申请，要求被执行人姜某协助金某对孩子进行探望。法院受理后，向姜某送达了执行通知书，责令其立即履行法院离婚调解书中所确定的义务，协助金某行使探望权。姜某收到法院的执行通知后，在执行期限内主动与金某进行联系，最终双方对探望问题达成了一致意见。

律师观点

实践中，常常出现双方在离婚后因为孩子的探望问题再次发生争执的情况。有时是因为离婚时双方没有明确探望权的具体行使方式，离婚后无法协商一致，导致纠纷；有时是因为离婚时法院虽然已经对探望权问题进行了判决，但离婚后直接抚养孩子一方出于各种原因，仍然不愿配合另一方探望孩子。对于第一种情况，不直接抚养孩子一方可以向法院提出探望权纠纷诉讼；对于第二种情况，则可以直接向法院申请强制执行。

《最高人民法院关于适用〈中华人民共和国民法典〉婚姻家庭编的解释（一）》第六十一条明确规定，对拒不履行或者妨害他人履行生效判决、裁定、调解书中有关子女抚养义务的当事人或者其他人，人民法院可依照《民事诉讼法》第一百一十一条的规定采取强制措施。[①] 这里提到的强制措施，指的是对拒不履行协助探望权判决的一方采取拘留、罚款等强制执行措施，但法院不能直接对子女的人身、探望行为等进行强制执行。

法条指引

《最高人民法院关于适用〈中华人民共和国民法典〉婚姻家庭编的解释（一）》

第六十一条 对拒不履行或者妨害他人履行生效判决、裁定、调解书中有关子女抚养义务的当事人或者其他人，人民法院可依照民事诉讼法第一百一十一条的规定采取强制措施。

《中华人民共和国民事诉讼法》

第一百一十四条 诉讼参与人或者其他人有下列行为之一的，人民法院可以根据情节轻重予以罚款、拘留；构成犯罪的，依法追究刑事责任：

……

（六）拒不履行人民法院已经发生法律效力的判决、裁定的。

人民法院对有前款规定的行为之一的单位，可以对其主要负责人或者直接责任人员予以罚款、拘留；构成犯罪的，依法追究刑事责任。

---

① 对应 2021 年修正后的《民事诉讼法》第一百一十四条。

四、其他抚养纠纷

20. 什么情况下可以请求法院变更子女的抚养关系？

案情简介

郭某与王某因夫妻感情破裂协议离婚，离婚协议中约定女儿郭某某由郭某自行抚养，王某无须负担抚养费。由于郭某经常出差，孩子平常主要由奶奶负责照顾。几年后，孩子的奶奶因病不幸去世，郭某与王某协商，希望能与王某轮流抚养女儿。王某认为郭某对女儿照顾不周，轮流抚养的方案不切实际。双方协商不成后，王某起诉至法院，要求变更女儿郭某某的抚养权由自己行使。

法院审理过程中，郭某表示目前自己确实没有能力独自抚养女儿郭某某，但提出自双方离婚后至今，几年来女儿一直由自己抚养，王某并没有负担过抚养费，如抚养权变更给王某，则也应由王某自行抚养，自己不承担抚养费。法院认为，因郭某目前不适宜自行抚养孩子郭某某，故对王某变更抚养关系的请求应予准许。对于抚养费问题，法院综合考虑郭某某目前的实际生活需要以及郭某的收入情况酌定。最终法院判决：郭某某自判决生效之日起变更为由王某抚养，郭某每月支付抚养费2000元至郭某某年满十八周岁止。

律师观点

离婚时，一旦父母双方对孩子的抚养权作出了约定，或者法院作出了相应判决，双方均应当遵照执行。但如果发生《最高人民法院关于适用〈中华人民共和国民法典〉婚姻家庭编的解释（一）》第五十六条或者第五十七条中所规定的情形，则子女的抚养关系可以依法变更。具体有以下两种变更形式：一是双方协议变更。离婚后，只要父母双方达成一致，则可以通过协议方式变更子女的抚养关系。二是依法变更。如果出现以下情形，可以向法院请求变更抚养关系：（1）与子女共同生活的一方因患严重疾病或者因伤残无力继续抚养子女；

（2）与子女共同生活的一方不尽抚养义务或有虐待子女行为，或者其与子女共同生活对子女身心健康确有不利影响；（3）已满八周岁的子女，愿随另一方生活，该方又有抚养能力；（4）有其他正当理由需要变更。

总之，法院在确定是否变更抚养关系时，仍然是以有利于子女的身心健康为首要原则，一旦与子女共同生活一方出现不利于子女身心健康情形，法院即可判决准予变更抚养关系。

法条指引

《最高人民法院关于适用〈中华人民共和国民法典〉婚姻家庭编的解释（一）》

第五十六条 具有下列情形之一，父母一方要求变更子女抚养关系的，人民法院应予支持：

（一）与子女共同生活的一方因患严重疾病或者因伤残无力继续抚养子女；

（二）与子女共同生活的一方不尽抚养义务或有虐待子女行为，或者其与子女共同生活对子女身心健康确有不利影响；

（三）已满八周岁的子女，愿随另一方生活，该方又有抚养能力；

（四）有其他正当理由需要变更。

第五十七条 父母双方协议变更子女抚养关系的，人民法院应予支持。

21. 离婚后孩子的姓氏能否变更？

案情简介

徐某与赵某婚后生育一子。孩子三岁时，双方因感情不和协议离婚。离婚协议中约定，孩子徐某某由赵某抚养，徐某每月支付抚养费1000元，在赵某抚养孩子期间，徐某有探望孩子的权利。离婚后，赵某在未与徐某协商一致的情况下，擅自将徐某某更名为赵某某，并对孩子的户籍信息进行了变更。徐某得知后与赵某发生争执，后徐某起诉至法院，要求法院责令将孩子的姓名恢复。法院认为，变更姓名登记属于公安机关户籍管理部门的职责，不属法院民事案件的受理范围，徐某应向公安机关申请解决，最终法院裁定驳回了徐某的起诉。

律师观点

《公安部关于父母离婚后子女姓名变更有关问题的批复》明确规定，“对于离婚双方未经协商或协商未达成一致意见而其中一方要求变更子女姓名的，公安机关可以拒绝受理；对一方因向公安机关隐瞒离婚事实，而取得子女姓名变更的，若另一方要求恢复其子女原姓名且离婚双方协商不成，公安机关应予恢复”。实践中，双方离婚后，经常出现孩子随母亲共同生活，母亲出于各种考虑，将孩子的姓氏变更为自己的姓氏或者继父姓氏的情形。对此，如不直接抚养子女一方对孩子变更姓氏提出异议，应向公安机关申请更正。

另外，根据《最高人民法院关于适用〈中华人民共和国民法典〉婚姻家庭编的解释（一）》第五十九条的规定，无论子女姓氏是否发生变更，负有给付抚养费义务的一方均不得因此拒付子女抚养费。

法条指引

《最高人民法院关于适用〈中华人民共和国民法典〉婚姻家庭编的解释（一）》

第五十九条　父母不得因子女变更姓氏而拒付子女抚养费。父或者母擅自将子女姓氏改为继母或继父姓氏而引起纠纷的，应当责令恢复原姓氏。

22. 亲子鉴定能否强制进行？

案情简介

高某与张某系同事关系，张某是高某的主管领导，两人曾恋爱并共同居住生活数月，两人分手后不久，高某发现自己已有身孕，后生育一子，取名高某某。高某多次与张某联系，要求张某承担孩子的抚养费，但张某置之不理。于是高某起诉至法院，高某作为高某某的法定代理人，要求确认高某某与张某之间存在亲生父子关系。

法院审理过程中，高某提交了其与张某同居的相关证据，并提交了两人多次就高某某的抚养问题进行沟通的谈话录音，但张某否认与高某某存在父子关系。于是高某向法院提出了亲子关系鉴定申请，但张某拒绝配合鉴定。法院认为，高某请求确认亲子关系，并提供了必要证据予以证明，张某在没有任何相反证据的情况下拒绝进行亲子鉴定，根据《最高人民法院关于适用〈中华人民共和国民法典〉婚姻家庭编的解释（一）》以及《最高人民法院关于民事诉讼证据的若干规定》的相关规定，可依法推定高某的主张成立，最终认定高某某与张某存在父子关系。

律师观点

由于亲子鉴定涉及身份关系，启动鉴定程序必须以双方当事人自愿为原则。通常需要由当事人一方提出申请，在征得另一方当事人同意后，由法院委托有资质的鉴定机构启动鉴定程序。一般情况下，法院不能依职权主动启动鉴定程序，更不能强迫当事人进行鉴定。

在近年来的司法实践中，经常会遇到一方当事人提出亲子鉴定申请时，另一方当事人以各种理由拒绝配合，由此导致鉴定无法顺利进行的情形。对于此种情形，法院只能结合在案证据，以推定的形式支持申请鉴定一方当事人的主张。对此，《民法典》第一千零七十三条第一款明确规定："对亲子关系有异议且有正当理由的，父或者母可以向人民法院提起诉讼，请求确认或者否认亲子关系。"法律准许父母双方在具备正当理由的时候请求法院确认亲子关系，此项规定无可厚非。需要强调的是，该条同时还规定父母双方在特殊情况下可以请求法院否认亲子关系。可以说，《民法典》关于否认亲子关系的规定显然充分地考虑到了司法实践中可能存在的种种现实问题，这无疑是一种进步。

法条指引

《中华人民共和国民法典》

第一千零七十三条 对亲子关系有异议且有正当理由的，父或者母可以向人民法院提起诉讼，请求确认或者否认亲子关系。

对亲子关系有异议且有正当理由的，成年子女可以向人民法院提起诉讼，请求确认亲子关系。

《最高人民法院关于适用〈中华人民共和国民法典〉婚姻家庭编的解释（一）》

第三十九条第二款 父或者母以及成年子女起诉请求确认亲子关系，并提供必要证据予以证明，另一方没有相反证据又拒绝做亲子鉴定的，人民法院可以认定确认亲子关系一方的主张成立。

《最高人民法院关于民事诉讼证据的若干规定》

第九十五条 一方当事人控制证据无正当理由拒不提交，对待证事实负有举证责任的当事人主张该证据的内容不利于控制人的，人民法院可以认定该主张成立。

23. 非婚生子女能否主张抚养费?

案情简介

杜某与孔某通过交友网站相识，不久后开始同居，同居期间二人生育一子杜某某。之后双方因感情不和分手，孩子杜某某随母亲孔某共同生活。双方因孩子抚养问题协商未果，故孔某向法院起诉要求确认孩子的抚养权，同时要求杜某承担孩子的抚养费。法院审理过程中，杜某表示同意孩子继续由孔某抚养，但双方对抚养费具体给付数额未能达成一致。法院从有利于子女身心健康、保障子女的合法权益的角度，综合考虑父母双方的实际抚养能力和抚养条件等因素，最终判决杜某与孔某之子杜某某由孔某抚养；杜某自判决生效后每月给付杜某某抚养费 2000 元，至杜某某年满十八周岁止。

律师观点

非婚生子女，是指在其出生时父母没有合法婚姻关系的子女。《民法典》第一千零七十一条规定，非婚生子女享有与婚生子女同等的权利，不直接抚养非婚生子女的生父或生母，应当负担抚养费，直至子女能独立生活为止。根据该规定，非婚生子女拥有与婚生子女同等的权利，同样有权要求不直接抚养子女一方承担相应的抚养费。实践中，未婚同居的男女双方在解除同居关系的时候，如对非婚生子女的抚养问题无法自行协商一致，任何一方都可以向法院提起同居关系子女抚养纠纷诉讼，由法院按照有利于子女身心健康的原则依法对非婚生子女的抚养问题作出判决。

法条指引

《中华人民共和国民法典》

第一千零七十一条 非婚生子女享有与婚生子女同等的权利，任何组织或者个人不得加以危害和歧视。

不直接抚养非婚生子女的生父或者生母，应当负担未成年子女或者不能独立生活的成年子女的抚养费。

第三章

离婚财产分割

一、夫妻共同财产的认定

1. 养老保险费是否属于夫妻共同财产?

案情简介

王某与刘某结婚后生有一女王某某。婚前王某与刘某缺少了解，婚后两人性格不合。王某多次殴打刘某，抱怨刘某不负担家庭生活费用及孩子的抚养费，长期依靠其父母的接济生活。王某甚至将刘某赶出居住房屋，导致刘某无家可归。刘某无奈向法院起诉要求离婚，同时主张孩子的抚养权，并要求依法分割夫妻共同财产。起诉前，刘某咨询律师，除夫妻共有的房产及共同存款外，王某的养老保险费能否作为夫妻共同财产进行分割?

律师观点

众所周知，基本养老保险是国家强制建立和实施的一种社会保险制度，用人单位和劳动者必须依法缴纳养老保险费，在劳动者达到法定退休年龄或因其他原因而退出劳动岗位后，劳动者可向社会保险经办机构依法领取养老保险金，用以保障其基本生活。虽然个人在领取养老保险金之前所持续缴纳的养老保险费不完全是养老保险金，但它是日后领取养老保险金的基础。劳动者个人账户中的养老保险费就是从其个人工资中扣除的，因此，养老保险费具有工资属性，不属于个人特有财产，应属于夫妻共同财产。法院虽不能对尚未达到领取条件的养老保险金的未来价值进行评估，但可以确定离婚时养老保险金个人账户中现有的已经缴纳的费用数额。因此，夫妻双方在婚后以共同财产缴付养老保险费，离婚时一方主张将养老金账户中婚姻关系存续期间个人实际缴付部分作为夫妻共同财产分割的，人民法院应予支持。

法条指引

《中华人民共和国民法典》

第一千零六十二条　夫妻在婚姻关系存续期间所得的下列财产，为夫妻的共同财产，归夫妻共同所有：

……

（五）其他应当归共同所有的财产。

……

《最高人民法院关于适用〈中华人民共和国民法典〉婚姻家庭编的解释（一）》

第二十五条　婚姻关系存续期间，下列财产属于民法典第一千零六十二条规定的“其他应当归共同所有的财产”：

（一）一方以个人财产投资取得的收益；

（二）男女双方实际取得或者应当取得的住房补贴、住房公积金；

（三）男女双方实际取得或者应当取得的基本养老金、破产安置补偿费。

第八十条　离婚时夫妻一方尚未退休、不符合领取基本养老金条件，另一方请求按照夫妻共同财产分割基本养老金的，人民法院不予支持；婚后以夫妻共同财产缴纳基本养老保险费，离婚时一方主张将养老金账户中婚姻关系存续期间个人实际缴纳部分及利息作为夫妻共同财产分割的，人民法院应予支持。

2. 人寿保险单是否属于夫妻共同财产？

案情简介

黄某与韩某婚后经常因生活琐事发生矛盾和争执。韩某两次起诉要求离婚，后均因故撤诉。经查，夫妻双方名下共有10份人寿保险单，黄某名下保单的现金价值为16万元，韩某名下保单的现金价值为11万元。夫妻名下另有住房及其他财产。韩某以与黄某的感情已经破裂为由，向法院起诉离婚，并要求法院对孩子的抚养、探望以及夫妻共同财产的分割等问题一并进行处理。韩某咨询律师，能否要求法院分割人寿保险单的保险利益？

律师观点

人寿保险是以人的寿命为保险标的，且以被保险人的生存或死亡为给付条件的人身保险，当被保险人的生命发生保险事故时，由保险人支付保险金。目前大部分的人寿保险单都带有储蓄功能，具有一定的现金价值。在婚姻关系存续期间以夫妻一方作为被保险人，用夫妻共同财产缴纳的保费应当认定为夫妻共同财产。根据《保险法》的规定，人身保险的投保人在保险合同订立时，对被保险人应当具有保险利益。那么，在双方解除婚姻关系后，夫妻间的身份关系即发生了变化，夫妻一方将失去对另一方的保险利益，不再具有投保人资格。此时，双方既可以选择到保险公司办理退保手续，直接对保险公司退回的保费进行分割；也可以选择到保险公司变更投保人，将保险单转让给被保险的一方，双方按照人寿保险单的现金价值进行分割。

本案中，黄某与韩某在婚姻关系存续期间共同购买了数份人寿保险，在分割这部分财产时，可以对人寿保险单的现金价值进行分割，双方互相配合办理投保人的变更手续。因黄某名下保险单的现金价值大于韩某名下保险单的价值，所以黄某应向韩某支付相应的折价款。

法条指引

《中华人民共和国民法典》

第一千零六十二条 夫妻在婚姻关系存续期间所得的下列财产，为夫妻的共同财产，归夫妻共同所有：

……

（五）其他应当归共同所有的财产。

……

《中华人民共和国保险法》

第十二条第一款 人身保险的投保人在保险合同订立时，对被保险人应当具有保险利益。

3. 婚前个人房产在婚后进行出租所取得的收益，是否属于夫妻共同财产？

案情简介

王某与彭某经朋友介绍相识相恋，后登记结婚，婚后未生育子女。王某婚前有一套房屋，在婚后一直用于出租，租金收入约92000元。双方婚后经常争吵，后彭某起诉至法院，要求判令双方离婚，并对夫妻共同财产依法分割。庭审中，王某同意离婚，但认为其个人所有房屋的租金收入92000元属于个人财产，不应当作为夫妻共同财产进行分割。本案中，彭某能否要求分割王某个人所有的房屋在婚后取得的租金收入呢？

律师观点

租赁行为本身也是一种经营活动，出租方需要投入一定的管理与劳务，付出一定的时间与精力，才能获得稳定的、价格合适的租金收益。因此，王某用个人所有房屋在婚后进行出租所获得的租金收入，性质上应当认定为经营性收益。经营性收益与工资、奖金一样，都是个人取得的收入。不能仅仅因为房屋系一方婚前个人财产而否定租金是夫妻共同财产，尤其对于夫妻一方靠租金作为家庭主要生活来源的情况，如果将一方婚前所有的房屋婚后出租的租金收益认定为个人财产，而另一方的工资、奖金收入则属于夫妻共同财产，结果显然是不公平的。因此，王某用个人所有房屋在婚后取得的租金收益，属于《民法典》规定的"生产、经营的收益"，应当认定为夫妻共同财产。因此，彭某有权要求分割王某个人所有的房屋在婚后取得的租金收入。

法条指引

《中华人民共和国民法典》

第一千零六十二条 夫妻在婚姻关系存续期间所得的下列财产，为夫妻的共同财产，归夫妻共同所有：

……

（二）生产、经营、投资的收益；

……

《最高人民法院关于适用〈中华人民共和国民法典〉婚姻家庭编的解释（一）》

第二十五条 婚姻关系存续期间，下列财产属于民法典第一千零六十二条规定的“其他应当归共同所有的财产”：

（一）一方以个人财产投资取得的收益；

……

4. 夫妻在分居期间取得的收入是否属于共同财产？

案情简介

赵某与潘某均系再婚，婚后未生育子女。后因双方感情不和，赵某向法院起诉离婚，最终双方经法院调解离婚。但双方未对在离婚前分居期间的工资及住房公积金等合法收入共计21375元进行分割。为了维护自身的合法权益，赵某又诉至法院，要求分割双方在分居期间的相关收入。起诉前，赵某向律师咨询，夫妻在分居期间取得的收入是否属于夫妻共同财产？

律师观点

婚姻关系存续期间是指以夫妻双方登记结婚之日起至婚姻关系终止之日止的期间。不仅包括婚后夫妻双方的共同生活期间，也包括婚后夫妻双方的分居期间，以及一方向人民法院提起离婚诉讼但判决尚未生效的期间。所以，夫妻双方在分居期间取得的收入为夫妻共同财产。但理论界也有观点认为，在夫妻双方感情出现问题后的分居期间，夫妻双方各自所得的财产应当归各自所有，不应作为夫妻共同财产分割。这种观点认为，应当将夫妻感情不和的分居期间与婚姻关系存续期间所取得财产收入进行区分。但是，该观点并没有相关的法律依据。因此，根据我国现行法律和司法解释的规定，夫妻分居期间各方所得的财产仍属于夫妻双方共同所有。

法条指引

《中华人民共和国民法典》

第一千零六十二条 夫妻在婚姻关系存续期间所得的下列财产，为夫妻的共同财产，归夫妻共同所有：

（一）工资、奖金、劳务报酬；

（二）生产、经营、投资的收益；

（三）知识产权的收益；

（四）继承或者受赠的财产，但是本法第一千零六十三条第三项规定的除外；

（五）其他应当归共同所有的财产。

夫妻对共同财产，有平等的处理权。

5. 知识产权是否属于共同财产？

案情简介

黄某是一位小有名气的画家，林某因崇拜黄某的才华与年长自己十二岁的黄某相恋后结婚。婚后之初双方感情尚可，但由于年龄相差太大，双方之间的分歧和矛盾越来越多，争吵不断，黄某首先提出离婚。离婚时黄某有10幅画已经卖出，共收到画款6万元。另有2幅画已卖出，合同定价款为2万元，但还未收到现款，并且另外还有20幅画没有出售。林某咨询律师，对于上述的32幅作品能否主张为夫妻共同财产进行分割？

律师观点

知识产权是人们就其智力劳动成果所依法享有的专有权利，它包括商标权、专利权、著作权及其他一些新型的知识产权形式。知识产权是一种人身权，具有很强的人身性，与个人的智力和劳动付出紧密相连；也是一种财产权，能够带来一定的经济利益。婚姻关系存续期间一方取得的知识产权权利本身应归一方专有，配偶一方无权享有。但由知识产权取得的经济利益，则属于夫妻共同财产。因为夫妻一方在婚姻关系存续期间创造这些智力劳动成果的过程中，离不开配偶一方无论是在家庭生活中还是在经济上的帮助和支持。因转让知识产权获得的经济收益，应当属于夫妻共同所有。根据《民法典》及司法解释的规定，知识产权的收益是指婚姻关系存续期间，实际取得或者已经明确可以取得的财产性收益。因此，本案中黄某已卖出的10幅画所得收益6万元属于“实际取得的收益”，已卖出但未收到款的2幅画收益2万元属于“明确可以取得的收益”，均应作为夫妻共同财产进行分割。黄某尚未卖出的20幅画，在经济利益未实现前，尚不具备《民法典》规定的“在婚姻关系存续期间所得的财产”的条件，不能作为夫妻共同财产进行分割。但对于其配偶在共同生活中付出的劳动，是可以根据具体情况从其他财产中给予适当补偿、照顾的。

法条指引

《中华人民共和国民法典》

第一千零六十二条 夫妻在婚姻关系存续期间所得的下列财产，为夫妻的共同财产，归夫妻共同所有：

……

（三）知识产权的收益；

……

《最高人民法院关于适用〈中华人民共和国民法典〉婚姻家庭编的解释（一）》

第二十四条 民法典第一千零六十二条第一款第三项规定的“知识产权的收益”，是指婚姻关系存续期间，实际取得或者已经明确可以取得的财产性收益。

二、夫妻个人财产的认定

6. 残疾人生活补助费属于夫妻共同财产吗？

案情简介

张某、刘某各自丧偶后，经人介绍相识，短暂交往了几个月之后便登记结婚。由于缺乏足够的了解，两人婚后经常为琐事发生争吵，婚后两年多的时间里，两人吵闹已成常事。后张某不幸发生交通事故，造成身体多处骨折、脑震荡，经过司法鉴定为十级伤残。张某受伤后，刘某对张某更加不耐烦，没有尽到夫妻之间应有的扶助及照料义务，张某感觉非常痛苦。为尽快摆脱名存实亡的婚姻，张某到法院起诉，请求法院判令双方离婚。双方名下并没有太多共同财产，但张某在受伤后获得了残疾人生活补助费等费用约 9 万元。张某向律师咨询，这部分残疾人生活补助费对方有权要求分割吗？

律师观点

医疗费、残疾人生活补助费等费用与一个人的生命及健康密切相关，是对于身体受到侵害的受害人进行的赔偿。由于这部分财产具有很强的人身属性，因此应当专属于受害人个人所有，不能认定为夫妻共同财产，这样才有利于维护受害人的合法权益，为受害人得到有效治疗、能够正常生活提供法律保障。因此，《民法典》规定，对于因身体受到伤害所获得的医疗费、残疾人生活补助费等费用应归为夫妻一方的财产，离婚时，另一方无权要求分割。

法条指引

《中华人民共和国民法典》

第一千零六十三条　下列财产为夫妻一方的个人财产：

……

（二）一方因受到人身损害获得的赔偿或者补偿；

……

7. 夫妻一方作为人身保险合同的受益人，婚内取得的保险金属于夫妻共同财产吗？

案情简介

杨某的父亲意外去世，母亲于十多年前就已过世。杨某的父亲在生前为自己投保了一份人身保险，指定女儿杨某为受益人。保险公司根据杨某父亲在保险合同中的约定向杨某赔付了60万元。杨某的父亲去世后不久，杨某与丈夫王某因感情出现问题协商离婚，但是王某要求分割杨某从保险公司获得的保险金，双方为此僵持不下。后杨某咨询律师，对于婚内取得的父亲留下的保险金，配偶王某是否有权要求分割？

律师观点

根据《保险法》的规定，人身保险合同是以人的寿命和身体为保险标的的保险合同，投保人在指定或变更受益人时需要征得被保险人的同意。根据上述规定，受益人的指定关键要看被保险人的意愿。在夫妻一方作为父或母人身保险合同当中的身故受益人时，一旦父或母发生保险事故身亡，保险公司就应当按照父或母在保险合同中的指定，将保险金直接赔付给子女。本案中，杨某的父亲作为投保人及被保险人，在自己的人身保险合同中指定其女杨某作为自己的身故受益人，体现了杨父个人的真实意愿，故应当将保险金认定为属于杨某的个人财产，如果将保险金作为夫妻共同财产处理，将有悖于杨某的父亲指定受益人的本意。所以，本案中杨某获得的保险金属于杨某的个人财产，王某无权要求分割。

法条指引

《中华人民共和国民法典》

第一千零六十三条第一款 下列财产为夫妻一方的个人财产：

……

（五）其他应当归一方的财产。

8. 一方通过遗嘱或赠与合同取得的财产，是否属于夫妻共同财产？

案情简介

杜某与方某结婚后生有一子杜某某。由于婚前双方缺乏了解、感情基础差，且杜某有严重的酗酒恶习，婚后杜某醉酒后回家耍酒疯，动手打人，方某为此多次拨打110向警方求助。后方某向法院提出离婚请求，主张由自己行使孩子的抚养权，并要求分割夫妻共同财产。在婚姻关系存续期间，由于杜某长期酗酒，双方名下一直没有多少存款，仅有一处方某父亲去世时通过遗嘱留给方某的房产。杜某同意离婚，但要求分割方某父亲在遗嘱中留给方某的房产。方某向律师咨询，父亲在遗嘱中曾明确表示房产是留给方某个人的，在这种情况下，如果双方诉讼离婚，法院会不会将房屋作为共同财产分割？

律师观点

根据《民法典》的规定，因继承或赠与所得的财产，原则上属于夫妻双方的共同财产。但如果立遗嘱人或赠与人在遗嘱或赠与合同中明确指出，该财产只归夫妻一方所有的，则该财产将只属于夫妻一方的个人财产，另一方配偶无权主张分割。具体到本案中，因方某的父亲在遗嘱中已经明确表示将房产只留给方某个人所有，故该房产应认定为方某的个人财产，杜某无权要求分割。法律之所以这样规定，一方面，是为了尊重遗嘱人或赠与人的个人意愿，尊重公民对其个人财产所享有的自由处分权；另一方面，也是为了防止夫妻另一方的不劳而获。以本案为例，如果将方某父亲通过遗嘱方式留给方某的房产认定为夫妻共同财产，则有酗酒恶习的杜某很有可能因为没有生活压力，将工资收入继续用于酗酒，在离婚时还能直接分得一半的房产份额，这样对方某是极为不公平的。但需要注意的是，如果立遗嘱人没有在遗嘱中明确表示财产只留给自己子女一方所有，则该财产将会被视为夫妻共同财产。

法条指引

《中华人民共和国民法典》

第一千零六十二条　夫妻在婚姻关系存续期间所得的下列财产，为夫妻的共同财产，归夫妻共同所有：

……

（四）继承或者受赠的财产，但是本法第一千零六十三条第三项规定的除外；

……

第一千零六十三条　下列财产为夫妻一方的个人财产：

……

（三）遗嘱或者赠与合同中确定只归一方的财产；

……

9. 一方以婚前财产购买的股票、基金在婚后的增值，是否属于夫妻共同财产？

案情简介

方某与王某经人介绍相识，恋爱两年后结婚。方某炒股多年，至双方结婚登记时，其名下的股票账户市值为18万元。婚后方某仍持续炒股，经常买进卖出。王某婚前购买了10万元的基金，但由于基金行情不景气，王某婚后一直未进行操作。现方某与王某因生活琐事发生矛盾，夫妻感情急剧恶化，后王某向法院起诉要求离婚。离婚时，方某名下的股票账户市值已达30万元，而王某名下的基金账户市值为12万元。在法庭上，双方均表示同意离婚，但在分割夫妻共同财产时，双方对股票以及基金的分割存在分歧，双方均主张自己名下的股票和基金属于各自的婚前财产，对方无权分割。

法院经审理后，最终判决准予双方离婚。对于双方的股票和基金，因方某结婚时的股票账面余额为18万元，离婚时的账面余额为30万元，其婚后投资收益部分12万元应作为夫妻共同财产予以分割；而王某婚前购买的基金10万元，在婚姻关系存续期间一直原封未动，王某亦未进行过任何操作，离婚时的账面余额为12万元，扣除本金后的2万元属于自然增值，应认定为王某的个人财产。

律师观点

根据《最高人民法院关于适用〈中华人民共和国民法典〉婚姻家庭编的解释（一）》第二十五条的规定，婚姻关系存续期间，一方以个人财产投资取得的收益属于夫妻共同财产。同时，第二十六条规定，夫妻一方个人财产在婚后产生的孳息和自然增值收益，属于一方的个人财产。本案中，方某在婚姻关系存续期间就其婚前个人的股票进行了积极的投资管理与操作行为，付出了一定的劳动，故其股票在婚后的增值部分属于主动投资行为所取得的收益，应当认定为夫妻共同财产。而王某在婚后并未对其婚前购买的基金进行过任何操作，因此该基金的增值完全系随市场行情的因素而上涨，属于被动的自然增值，故离婚时认定为王某的个人财产。

法条指引

《最高人民法院关于适用〈中华人民共和国民法典〉婚姻家庭编的解释（一）》

第二十五条　婚姻关系存续期间，下列财产属于民法典第一千零六十二条规定的“其他应当归共同所有的财产”：

（一）一方以个人财产投资取得的收益；

……

第二十六条　夫妻一方个人财产在婚后产生的收益，除孳息和自然增值外，应认定为夫妻共同财产。

10. 夫妻一方婚前取得的房产在婚后的增值，是否属于共同财产？

案情简介

苏某父母早年经商，在苏某结婚前就给她备下了三套房产。后苏某经人介绍认识了孙某，两人恋爱一年后便登记结婚，婚后育有一女孙某某。原本苏某一家的生活还算富裕，但不幸的是，苏某被查出患有癌症。面对高额的医疗费用，苏某提出想要卖掉其婚前个人所有的房产用于治病，没想到却遭到了孙某的强烈反对与阻止。孙某称苏某个人所有的房产虽然是婚前取得的，但是双方已经结婚九年，上述房屋的价值早已增值了二三倍，房屋的增值部分应当属于夫妻共同财产，因此苏某无权自行变卖。苏某没想到丈夫孙某竟然对患病的自己如此无情，顿时心灰意冷，想要与孙某离婚。在起诉前，苏某向律师咨询，如果双方离婚，对于自己个人婚前取得的房产在婚后的增值部分，孙某是否有权分割？

律师观点

根据《民法典》的规定，夫妻一方个人的财产在婚后所产生的收益原则上属于夫妻共同财产。但是有两个例外情形，孳息和自然增值这两种婚后收益是排除于夫妻共同财产之外的，应当属于夫妻一方的个人财产。《民法典》将孳息和自然增值这两部分收益排除在夫妻共同财产之外，有一个前提，即这两部分收益不是由于夫妻人为、主动管理和付出劳动所产生的收益。因此，我们在确定某一项财产收益是否属于夫妻共同财产时，不能拘泥于孳息或自然增值的概念本身，还应当具体分析财产收益产生的主要原因。

我国现行法律并未对孳息进行明确定义。实践中，通常将孳息分为天然孳息与法定孳息两种。天然孳息，是指根据物的自然性质而产生的收益，如果树的果实、动物生产的卵等。法定孳息，是指根据法律的规定产生的收益。如银行存款、股票红利等。自然增值，是指非人为努力而产生的物的价值增长，如房产增值。本案中，苏某个人在婚前取得的房屋虽然在婚后产生了增值，但该增值并非系苏某和孙某人为经营、管理产生，而是源于房地产市场行情的客观变化。因此，苏某婚前个人房产在婚后的增值部分收益仍属于苏某个人所有，孙某无权要求分割。

法条指引

《中华人民共和国民法典》

第三百二十一条 天然孳息，由所有权人取得；既有所有权人又有用益物权人的，由用益物权人取得。当事人另有约定的，按照其约定。

法定孳息，当事人有约定的，按照约定取得；没有约定或者约定不明确的，按照交易习惯取得。

《最高人民法院关于适用〈中华人民共和国民法典〉婚姻家庭编的解释（一）》

第二十六条 夫妻一方个人财产在婚后产生的收益，除孳息和自然增值外，应认定为夫妻共同财产。

三、房产分割相关问题

11. 分割夫妻共有房产的基本原则是什么？

案情简介

原告魏某与被告习某婚后生育一女魏某某。因双方感情不和，魏某向法院起诉要求离婚，法院第一次开庭审理后认为两人夫妻感情尚未破裂，故驳回了原告魏某要求离婚的诉讼请求。半年过后，魏某再次起诉要求离婚，同时主张魏某某随自己共同生活，依法分割婚后购买的房屋一套。

法院经审理后认为，原、被告婚后并未建立起真挚的夫妻感情，现双方均表示同意离婚，应予准许。在子女抚养问题上，考虑到魏某某尚且年幼，由母亲习某抚养对其健康成长更为有利，故魏某某由被告习某抚养为宜。另查明，双方于婚后共同出资购买了位于北京市朝阳区某处房产一套，购房首付款 20 万元，贷款 50 万元，现尚欠银行购房贷款 40 余万元。关于该房产的归属问题，考虑到双方离婚后，魏某某随被告习某共同生活，住房是母女二人最基本的生活条件之一，本着照顾女方和子女的利益原则，该房产应归被告习某所有为宜。最终法院判决该房产归被告习某所有，剩余购房贷款由被告习某偿还；被告习某给付原告魏某房屋折价款 35 万元。

律师观点

根据《民法典》第一千零八十七条的规定，离婚时，夫妻共同财产的分割首先由双方协商处理；协商不成的，由人民法院根据财产的具体情况，本着照顾子女、女方和无过错方权益的原则判决。在此前的司法实践中，法院对于夫妻共有房产的分割，除依据上述原则外，还会考虑双方各自对家庭的贡献大小、房产的实际居住使用情况等因素酌情处理，通常会将房屋判决归其中一方所有，由取得房屋一方向另一方支付相应金额的房屋折价款。本案中，原、被告双方共同居住的房屋购买于婚后，属于夫妻共有房产。法院首先确定了孩子的抚养权由被告行使，在此基础上进一步确定房屋的归属，以住房是被告抚养孩子的基本现实需要为由，将房屋判归被告所有，由被告给付原告房屋折价款。应当说，该判决精准地解读了《民法典》第一千零八十七条所规定的照顾子女和女方权益的原则。

需要注意的是，对于夫妻共同财产的分割问题，《民法典》第一千零八十七条还规定了照顾无过错方权益的原则。也就是说，如果配偶一方存在法定的过错情形，法院在分割夫妻共同财产时可以根据具体情况照顾无过错一方。应当说，照顾无过错方权益的原则既是对存在过错的离婚一方当事人的一种财产性惩罚，也是对无过错的一方给予的一定照顾。

法条指引

《中华人民共和国民法典》

第一千零八十七条第一款 离婚时，夫妻的共同财产由双方协议处理；协议不成的，由人民法院根据财产的具体情况，按照照顾子女、女方和无过错方权益的原则判决。

12. 离婚时，房产的价值如何确定？

案情简介

原告徐某与被告崔某结婚多年，双方婚后未生育子女。婚后初期，双方感情尚好，后因生活琐事，两人经常产生矛盾，致使夫妻感情破裂。徐某向法院起诉要求离婚，并要求分割双方婚后购买的位于北京市朝阳区的一套二居室。法院审理过程中，被告崔某表示同意离婚，也同意房屋所有权归原告徐某所有，要求徐某依法给予自己房屋一半价值的补偿。在确定房屋价值时，原告徐某认为房屋现价值为 290 万元左右，而被告崔某认为房屋现价值至少为 340 万元。因双方对于房屋现价值未能协商一致，经原告徐某申请，法院依法委托北京市朝阳区某房地产评估公司对涉案房屋的现价值进行评估。经评估，该房屋至评估时的价值为 300 万元。后法院综合考虑双方对房屋的出资、购房款、房屋现价值、婚后还贷情况以及剩余未偿还贷款等因素，判决该房屋归原告徐某所有，剩余房屋贷款由原告徐某自行偿还；

徐某于判决生效后十日内给付被告崔某房屋折价款80万元。

律师观点

离婚案件中，分割夫妻共同房产的首要前提就是确定房屋的现价值，法院通常会询问离婚双方能否就房屋的现价值进行协商，如双方能够协商一致，则以双方协商确认的房屋价值为准。如果双方不同意协商，或者不能协商一致的，则法院会要求主张房屋所有权的一方提出评估申请，由评估机构按市场价格对房屋作出评估，并由取得房屋所有权的一方给予另一方相应的房屋折价款。

实践中，双方协商确定房屋价值的好处有很多，不仅可以加快案件的审理进程，避免漫长的评估程序，还可以省去一部分评估费用。离婚案件的审理周期短则数月，长则一年以上，而房产评估程序有时也需要几个月的时间，并且评估的时间是不计入法院审理期限的。一旦双方对房屋价值不能协商一致，就只能进入评估程序，这样不仅会导致案件审理周期变长，评估机构收取的评估费用也要由双方分担。因此，如果当事人想尽快结束案件，在确定房屋价值的时候可以尝试进行协商。当然，也有一些当事人出于各种原因想拖延案件的审理周期，宁可额外付出一部分评估费用，也要强行启动评估程序。对于这种情况，房产评估程序恐怕就不可避免了。

法条指引

《最高人民法院关于适用〈中华人民共和国民法典〉婚姻家庭编的解释(一)》

第七十六条 双方对夫妻共同财产中的房屋价值及归属无法达成协议时，人民法院按以下情形分别处理：

(一)双方均主张房屋所有权并且同意竞价取得的，应当准许；

(二)一方主张房屋所有权的，由评估机构按市场价格对房屋作出评估，取得房屋所有权的一方应当给予另一方相应的补偿；

(三)双方均不主张房屋所有权的，根据当事人的申请拍卖、变卖房屋，就所得价款进行分割。

13. 离婚时，尚未取得所有权或者尚未完全取得所有权的房产如何分割？

案情简介

易某与张某结婚两年多，婚后无子女。因婚前相互了解不够，婚后感情十分淡薄，两人常因小事吵闹不断。后易某起诉离婚，经法院调解，双方表示愿意尝试和好，易某撤诉。但后来双方仍然经常产生矛盾，一年后，易某再次起诉要求离婚。

庭审中，双方均同意离婚，同时要求分割双方婚后共同出资购买的北京市大兴区某处商品房一套。经法院查明，上述商品房系双方于婚后共同出资购买，但截至目前，该房屋尚未取得不动产权证书。经法院释明，因该房屋尚未取得权利证明，故法院不宜判决该房屋的归属，目前仅能就房屋的居住使用情况进行处理。原、被告双方均表示同意暂时共同居住使用该房屋，待取得不动产权证书之后再另行解决房屋归属问题。最终法院判决涉案房屋由易某与张某共同居住使用，其中北侧卧室由易某居住使用，南侧卧室由张某居住使用，客厅、厨房、卫生间等公共部分由双方共同使用。

律师观点

对于没有取得所有权的房屋，法院一般不会处理房屋的权属，只对房屋的使用权作出判决。这是因为，对于尚未取得所有权或者尚未取得完全所有权的房屋，当事人仅享有对该房屋占有、使用的权利，暂时不享有对该房屋的处分权。因此，法院也只能暂时处理房屋的使用权，当事人只能待实际取得房屋的完全所有权后，再另行起诉。

本案中，法院即判决原、被告双方共同居住使用该房屋。但可想而知，离婚双方既然早已感情破裂，离婚后还在一起居住生活显然不是长久之计。实践中，有些案件的离婚当事人明确表示不愿意与对方共同居住，于是双方通过对房屋的使用权进行竞价的方式解决问题，即由出价高的一方暂时独自居住使用房屋，并按月给付另一方补偿款，待房屋实际取得完全所有权之后，双方再另行解决房屋的实际分割问题。总之，当事人在解决争议时，对某些能够达成一致的细节问题，应当冷静地进行协商，可能实际效果会更好。

法条指引

《最高人民法院关于适用〈中华人民共和国民法典〉婚姻家庭编的解释（一）》

第七十七条 离婚时双方对尚未取得所有权或者尚未取得完全所有权的房屋有争议且协商不成的，人民法院不宜判决房屋所有权的归属，应当根据实际情况判决由当事人使用。

当事人就前款规定的房屋取得完全所有权后，有争议的，可以另行向人民法院提起诉讼。

14. 一方婚前以个人财产支付首付款购房，房产登记在其个人名下，婚后用夫妻共同财产还贷，离婚时如何分割？

案情简介

原告李某与被告何某系自由恋爱结婚。双方均为初婚，婚后无子女。但双方经常因琐事发生争吵，矛盾升级后导致分居。后原告李某起诉要求离婚。被告何某表示同意离婚，但提出原告李某曾贷款购买北京市海淀区房屋一套，贷款期限十年，目前该房屋的贷款已经全部还清，要求对该房屋进行分割。原告李某认为该房屋购买于双方结婚之前，属于自己的个人财产，被告何某无权要求分割。

法院经审理后认为，双方虽结婚多年，但婚后并未培养起良好的夫妻感情，现双方均要求离婚，故应认定双方夫妻感情已经破裂。对于双方所争议的房屋，因该房屋系原告李某于婚前支付首付款并在银行贷款，婚后用夫妻共同财产还贷，故该房屋应归原告李某所有，但双方在婚后共同还贷所支付的款项以及相对应财产增值部分，应由原告李某对被告何某进行补偿，具体数额将根据夫妻共同支付款项、房屋购买价、全部应付利息和双方共同协商确认的房屋现价值等进行计算。最终法院判决准予双方离婚，位于北京市海淀区的房屋由原告李某所有，原告李某于判决生效之日起十日内支付被告何某补偿款100万元。

律师观点

根据《民法典》及相关司法解释的规定，夫妻一方在婚前以个人财产支付首付款购房，婚后用夫妻共同财产还贷，且该不动产登记于首付款支付方名下的，离婚时双方对该不动产的分割意见不能达成协议，人民法院可以判决该不动产归产权登记一方，尚未归还的贷款由产权登记一方自行偿还。双方婚后共同还贷支付的款项及其相对应财产增值部分，应根据照顾子女、女方和无过错方权益的原则，由产权登记一方对另一方进行补偿。

实践中，北京地区法院通常会根据《北京市高级人民法院民一庭关于明确离婚时房屋补偿计算标准的通知》的规定来计算房屋补偿款。具体计算公式为：房屋补偿款＝夫妻共同支付款项（包括本息）÷（房屋购买价＋全部应付利息）× 房屋评估现值（或夫妻认可房屋现值）×50%。从该公式可以看出，法院在计算房屋补偿款时，首先要确定以下数据：房屋的购买总价、首付款、贷款情况、截至离婚时双方的实际还贷情况、剩余未偿还的贷款情况以及房屋的现价值等。因此，对于一方婚前以个人财产支付首付款购房，房产登记在其个人名下，婚后用夫妻共同财产还贷的情况，离婚时双方在分割该房产时，法院通常会判决房产归产权登记一方所有，并由该方按照上述公式计算出相应的补偿款，补偿给另一方。

法条指引

《中华人民共和国民法典》

第一千零八十七条第一款　离婚时，夫妻的共同财产由双方协议处理；协议不成的，由人民法院根据财产的具体情况，按照照顾子女、女方和无过错方权益的原则判决。

《最高人民法院关于适用〈中华人民共和国民法典〉婚姻家庭编的解释（一）》

第七十八条　夫妻一方婚前签订不动产买卖合同，以个人财产支付首付款并在银行贷款，婚后用夫妻共同财产还贷，不动产登记于首付款支付方名下的，离婚时该不动产由双方协议处理。

依前款规定不能达成协议的，人民法院可以判决该不动产归登记一方，尚未归还的贷款为不动产登记一方的个人债务。双方婚后共同还贷支付的款项及其相对应财产增值部分，离婚时应根据民法典第一千零八十七条第一款规定的原则，由不动产登记一方对另一方进行补偿。

15. 婚后一方父母出资购房，符合哪些条件时，可认定属于对自己子女一方的赠与？

案情简介

原告武某与被告于某结婚后生有一子武某某。婚后初期双方感情尚好，但孩子出生后一直由原告武某的父母抚养，被告于某作为母亲平时对孩子的关心相对较少。为此，双方及双方家人之间经常产生矛盾。后双方分居，武某某一直跟随武某的父母共同生活。分居半年后，武某向法院起诉要求离婚，并要求由自己行使孩子的抚养权。

被告于某当庭表示同意与原告武某离婚，也同意武某某由原告武某抚养，但前提是原告武某必须自行抚养，于某不承担孩子的抚养费。同时于某还提出，双方在婚后购买的位于北京市通州区的住房应当依法分割。法院经审理后查明，位于北京市通州区的房屋的购买时间是在双方结婚之后，现登记在原告武某名下，但根据原告武某提交的银行汇款凭证等证据可以证明，该房屋是原告武某父亲出全资购买，故应视为原告武某父亲对原告武某个人的赠与，属于原告武某的个人财产。因此，对于被告于某要求分割该房屋的主张，法院不予支持。

律师观点

关于父母为子女出资购买的房产，离婚时能否作为夫妻共同财产进行分割的问题，历来是实践中争议最大的焦点之一。根据《最高人民法院关于适用〈中华人民共和国民法典〉婚姻家庭编的解释（一）》第二十九条第二款的规定，“当事人结婚后，父母为双方购置房屋出资的，依照约定处理；没有约定或者约定不明确的，按照民法典第一千零六十二条第一款第四项规定的原则处理”。上述规定，结合《民法典》第一千零六十二条以及第一千零六十三条，可以得出这样一个结论，即父母在子女婚后出资购房的，如果能够证明父母的出资行为是对自己子女的单方赠与，则该房产可认定为该子女的个人财产，离婚时不作为夫妻共同财产进行分割。

《民法典》第一千零六十二条的规定从某种程度上说是为了保护为子女出资购房的父母的权益。现实生活中，结婚购房几乎是每对夫妻都面临的现实问题，很多父母为了孩子结婚，不惜用多年积蓄为子女出资购房，然而一旦子女感情破裂离婚，将会直接影响到父母的经济利益。也正因此，多年来，相关法律和司法解释针对父母为子女出资购房的相关问题也一直不断地更新、修订。

目前看，婚后一方父母出资购房，在符合以下两个条件时，可认定属于对自己子女一方的赠与：第一，一方父母为自己子女购买房产时，是出全资购买，不存在子女在婚后继续偿还贷款的情形。第二，所购买的房产登记在出资父母的子女个人名下。如果同时符合以上条件，父母为子女购买的房产通常可以视为对自己子女一方的赠与，与该子女的配偶无关。还要注意的是，实践中经常会遇到婚后父母为子女支付了购房首付款，但后续房屋贷款仍然由夫妻双方共同偿还的情形，此种情形下房产通常会被认定为夫妻共同财产。

法条指引

《中华人民共和国民法典》

第一千零六十二条　夫妻在婚姻关系存续期间所得的下列财产，为夫妻的共同财产，归夫妻共同所有：

……

（四）继承或者受赠的财产，但是本法第一千零六十三条第三项规定的除外；

……

第一千零六十三条　下列财产为夫妻一方的个人财产：

……

（三）遗嘱或者赠与合同中确定只归一方的财产；

……

《最高人民法院关于适用〈中华人民共和国民法典〉婚姻家庭编的解释（一）》

第二十九条　当事人结婚前，父母为双方购置房屋出资的，该出资应当认定为对自己子女个人的赠与，但父母明确表示赠与双方的除外。

当事人结婚后，父母为双方购置房屋出资的，依照约定处理；没有约定或者约定不明确的，按照民法典第一千零六十二条第一款第四项规定的原则处理。

16. 婚后由双方父母出资购买，登记在一方子女名下的房产，如何分割？

案情简介

原告杨某与被告谢某经人介绍相识，结婚后生育一子杨某某。婚后共同生活期间，双方因家庭琐事产生矛盾，导致夫妻感情破裂。后杨某向法院起诉离婚，要求杨某某由自己抚养，并依法分割夫妻共同财产。

庭审过程中，双方均表示同意离婚。法院经审理认为，杨某某尚且年幼，从有利于孩子成长角度出发，由孩子的母亲谢某抚养为宜。在双方夫妻关系存续期间，原告杨某曾购买一套位于北京市大兴区的二居室，该房屋系由原、被告双方父母共同出资购买，其中原告杨某的父母出资38万元，被告谢某的父母出资29万元。根据《民法典》和相关司法解释的规定，由双方父母出资购买的不动产，产权登记在一方子女名下的，房屋应属于原、被告双方的夫妻共同财产。法院综合考虑财产完整性、双方对该房屋的出资情况等因素，最终判决上述房屋归原告杨某所有，由杨某于判决生效后十日内给付被告谢某房屋折价款120万元。

律师观点

对于双方父母共同出资购买的房产，登记在子女一方名下的，在分割时应当视为双方的夫妻共同财产，但分割时应当考虑到双方各自父母的出资贡献。

该情形需要与另一种常见情形进行区分，即双方父母共同出资购房，房产登记在子女双方名下的，应当视为父母对夫妻双方的共同赠与。此时，该房产应认定为夫妻双方共同共有，在离婚时原则上应当均等分割。实践中，很多离婚当事人的主要争议都是由房产分割问题引起，并且一旦涉及双方父母参与出资，双方的矛盾往往更加难以调和。因此，要想准确分析房产分割及补偿原则，就需要准确理解法律和司法解释的具体规定，并结合房产的实际出资、登记等客观情况综合进行判断。

法条指引

《中华人民共和国民法典》

第一千零六十二条 夫妻在婚姻关系存续期间所得的下列财产，为夫妻的共同财产，归夫妻共同所有：

……

（四）继承或者受赠的财产，但是本法第一千零六十三条第三项规定的除外；

……

第一千零六十三条 下列财产为夫妻一方的个人财产：

……

（三）遗嘱或者赠与合同中确定只归一方的财产；

……

《最高人民法院关于适用〈中华人民共和国民法典〉婚姻家庭编的解释（一）》

第二十九条 当事人结婚前，父母为双方购置房屋出资的，该出资应当认定为对自己子女个人的赠与，但父母明确表示赠与双方的除外。

当事人结婚后，父母为双方购置房屋出资的，依照约定处理；没有约定或者约定不明确的，按照民法典第一千零六十二条第一款第四项规定的原则处理。

17. 经济适用房如何分割？

案情简介

原告王某与被告方某婚后生有一子王某某。原告王某在婚后与北京某房地产开发有限公司签订了商品房预售合同，购买了位于北京市朝阳区某处的经济适用房一套，该房屋现登记在王某个人名下。但在申请经济适用房时，被告方某为共同申请家庭成员。该房屋建筑面积为61平方米，购买价格为35万元。

结婚几年后，双方感情出现问题，原告王某起诉至法院要求与方某离婚，离婚原因是双方性格及三观严重不合，现已无法正常交流。方某表示同意离婚，但要求由自己抚养王某某，并依法分割双方于婚后购买的经济适用房。法院经审理后认为，双方感情已经破裂，应准予离婚。王某某宜随被告方某继续共同生活，抚养费根据王某的月收入情况，以及孩子目前的实际生活需要等因素酌定。因被告方某明确表示不主张房屋的所有权，但要求原告王某按照房屋现值一次性给付经济补偿款。法院最终判决：一、准予王某与方某离婚；二、原告王某与被告方某之子王某某由被告方某抚养，原告王某于每月5日前给付王某某抚养费2000元，直至王某某年满十八周岁之日止；三、位于北京市朝阳区某处的经济适用房归原告王某所有，原告王某于判决生效后十日内给付被告方某补偿款50万元。

律师观点

经济适用住房，是指政府提供政策优惠，限定套型面积和销售价格，按照合理标准建设，面向城市低收入住房困难家庭供应，具有保障性质的政策性住房。根据《经济适用住房管理办法》第三十条的规定，经济适用住房的购房人拥有有限产权，购房不满五年的，不得上市交易，并且只能用于自住，不得出售、出租，也不得擅自改变住房用途。购房满五年，并且按照规定交纳土地收益等相关价款后，方可取得完全产权。

离婚案件中，经济适用住房的分割通常有以下几种情形：第一，对于一方在婚前取得购房资格，并购买取得房屋的，属于一方婚前个人财产，离婚时不能作为夫妻共同财产分割。第二，对于一方在婚前取得购房资格，但在婚后实际出资购买的，应认定为属于夫妻共同财产。分割时，房屋的所有权通常会分配给具有购房资格的一方，由该方向另一方支付房屋折价款。第三，对于双方在婚后取得购房资格并购买取得房屋的，同样属于夫妻共同财产，应当根据照顾子女、女方和无过错方权益的原则进行分割。

法条指引

《中华人民共和国民法典》

第一千零八十七条第一款 离婚时，夫妻的共同财产由双方协议处理；协议不成的，由人民法院根据财产的具体情况，按照照顾子女、女方和无过错方权益的原则判决。

《经济适用住房管理办法》

第三十条 经济适用住房购房人拥有有限产权。

购买经济适用住房不满5年，不得直接上市交易，购房人因特殊原因确需转让经济适用住房的，由政府按照原价格并考虑折旧和物价水平等因素进行回购。

购买经济适用住房满5年，购房人上市转让经济适用住房的，应按照届时同地段普通商品住房与经济适用住房差价的一定比例向政府交纳土地收益等相关价款，具体交纳比例由市、县人民政府确定，政府可优先回购；购房人也可以按照政府所定的标准向政府交纳土地收益等相关价款后，取得完全产权。

上述规定应在经济适用住房购买合同中予以载明，并明确相关违约责任。

18. 双方共同出资购买，登记在未成年子女名下的房产，离婚时能否主张分割？

案情简介

原告李某和被告孙某系自由恋爱，结婚后生有一子孙某某。起初双方感情尚好，后孙某因工作调动从北京来到上海，原告李某带着孩子随孙某到上海生活。双方在上海市浦东区购置了一套房屋，并将该房屋登记在孩子孙某某名下。由于孙某平时工作太忙，无法照顾到家里，夫妻双方经常因为生活琐事发生争吵。某日，双方因琐事再次争吵，李某一气之下将孩子带回到北京的家中生活。

双方分居数月后，原告李某向法院起诉离婚，并要求由自己抚养孙某某，同时要求分割双方在婚后购买、现登记在孙某某名下的房产。被告孙某表示同意离婚，但不同意孩子由原告李某抚养。关于房产问题，孙某认为属于双方共同对儿子的赠与，并非双方的夫妻共同财产，故不同意分割。

法院经审理后认为，双方均当庭表示同意离婚，且双方已分居，应当认定夫妻感情已经破裂。关于子女抚养问题，综合考虑双方的具体情况和孩子的生活习惯，应由原告李某抚养为宜，同时根据孙某某目前的生活需要以及孙某的给付能力酌情确定抚养费数额。关于李某主张分割的房产，因该房产的所有权人系孙某某，该房产并非原、被告双方的夫妻共同财产，故李某的该项请求不符合法律规定。最终法院判决：一、准予原、被告离婚；二、孙某某由李某抚养，孙某每月支付子女抚养费2500元，至孙某某年满十八周岁止；三、驳回李某的其他诉讼请求。

律师观点

很多夫妻在感情和睦的时候，会选择将房产登记在未成年子女名下。根据法律规定，这种行为属于夫妻双方对未成年子女的赠与，一旦房产登记在子女名下，即视为赠与完成，该房产就属于子女的个人财产，夫妻双方均无权在离婚时主张进行分割。

实践中，之所以有的当事人会在离婚时要求分割未成年子女名下的房产，很多时候是出于对另一方的担心，担心对方在离婚后擅自处分孩子的房产。双方离婚时，信任基础大都已经丧失，有这种顾虑也是人之常情，但大可不必过于担心，因为法律对于未成年子女的合法权益进行了明确的保护。根据《民法典》的规定，监护人应当按照最有利于被监护人的原则履行监护职责，除非为了维护被监护人的利益，父母双方均不得随意处分未成年子女名下的财产。任何一方随意处分未成年子女财产的行为均属违法，应当依法承担相应的赔偿责任。

法条指引

《中华人民共和国民法典》

第三十五条　监护人应当按照最有利于被监护人的原则履行监护职责。监护人除为维护被监护人利益外，不得处分被监护人的财产。

未成年人的监护人履行监护职责，在作出与被监护人利益有关的决定时，应当根据被监护人的年龄和智力状况，尊重被监护人的真实意愿。

……

19. 一方婚前个人购买的房屋，婚后房产证上添加了配偶的名字，离婚时如何分割？

案情简介

原告许某与被告潘某经人介绍相识，后恋爱结婚，双方婚后无子女。原、被告婚前相处时间较短，相互了解少，婚后二人未建立起真正的夫妻感情。后原告许某起诉离婚，法院第一次开庭审理后驳回了原告许某的诉讼请求。过了一段时间，原告许某认为双方的婚姻已名存实亡，根本无法再继续共同生活，故再次向法院起诉要求判决双方离婚。被告潘某同意离婚，但提出位于北京市海淀区的房屋虽然是原告许某在结婚之前购买的，但双方结婚后在房产证上添加了潘某的名字，因此被告潘某应当享有该房屋50%的产权份额。

法院经审理认为，原告许某两次起诉请求离婚，被告潘某表示同意，应当认定双方夫妻感情已经破裂，在调解无效的情况下，应准予双方离婚。就位于北京市海淀区的房屋，虽然系原告许某婚前购买取得，但婚后加名的行为应当视为对被告潘某的赠与，结合原、被告双方对该房屋的贡献，该房屋归原告许某所有为宜，由原告许某给予被告潘某相应的房屋折价款。庭审中双方均认可该房屋现价值为300万元。最终法院判决：一、准予原告许某与被告潘某离婚；二、位于北京市海淀区的房屋归原告许某所有，原告许某于判决生效后十五日内给付被告潘某折价补偿款140万元。

律师观点

《民法典》第二百一十七条明确规定："不动产权属证书是权利人享有该不动产物权的证明……"因此，只要在不动产权利证书上进行了登记，登记人就享有该房屋的所有权份额。本案中，争议房屋系原告在婚前以个人财产出资购买，登记在原告个人名下，原本属于原告的婚前个人财产。但原告结婚后在房产证上添加了配偶的名字，应当视为原告自愿将该房屋的产权份额赠与被告。在双方离婚时，该房屋就应作为夫妻共同财产进行分割。实践中，对于此类房产的分割，并非简单地按照夫妻双方各占二分之一的比例进行均等分割，法院通常会结合双方对该房产的贡献大小、结婚的时间长短等因素进行分割。

法条指引

《中华人民共和国民法典》

第二百一十七条 不动产权属证书是权利人享有该不动产物权的证明。不动产权属证书记载的事项，应当与不动产登记簿一致；记载不一致的，除有证据证明不动产登记簿确有错误外，以不动产登记簿为准。

第一千零八十七条第一款 离婚时，夫妻的共同财产由双方协议处理；协议不成的，由人民法院根据财产的具体情况，按照照顾子女、女方和无过错方权益的原则判决。

20. 一方婚前购买，婚后取得产权证的房屋是否属于夫妻共同财产？

案情简介

原告刘某与被告朱某婚后常因琐事发生矛盾，婚后不久即分居，后原告刘某向法院起诉要求离婚。诉讼中，原告刘某要求分割被告朱某名下位于北京市丰台区的某处房屋。被告朱某表示，该房屋购买于双方结婚之前，且绝大多数房款都来自被告朱某父母的出资，认为该房屋与原告无关。经原告刘某申请，法院向北京市丰台区房管部门调取上述房屋的档案材料，查明被告朱某与案外人吴某签订房屋买卖合同的时间是在登记结婚之前，且已支付了全部购房款700余万元，但房屋所有权登记手续在双方结婚之后才办理完成，现该房屋登记于被告朱某个人名下。

法院经审理认为，双方结婚后仅一年多即开始分居，现原告刘某起诉要求离婚，被告朱某表示同意，故法院准予双方离婚。关于位于北京市丰台区的房屋是否属于夫妻共同财产的问题，被告朱某提交的证据以及法院依法调取的房屋档案材料可以证明，该房屋系被告朱某婚前个人出资购买，虽然该房屋产权证办理于双方婚姻关系存续期间，但房屋仍系被告朱某的婚前个人财产，在本案中不应作为夫妻共同财产予以分割。一审法院判决：一、准予刘某与朱某离婚；二、驳回原告刘某的其他诉讼请求。一审判决作出后，刘某不服提起上诉，二审法院经审理后判决驳回了刘某的上诉，维持一审原判。

律师观点

根据《民法典》第一千零六十三条的规定，一方的婚前财产，在结婚后仍属于一方的个人财产。本案中，被告朱某在婚前签订了房屋买卖合同并支付了全部购房款，虽然是在婚后才办理房屋所有权证书，但并不能据此认定该房屋属于双方在婚姻关系存续期间取得的共同财产。

需要注意的是，1993 年 11 月 3 日实施的《最高人民法院关于人民法院审理离婚案件处理财产分割问题的若干具体意见》已失效，其中关于“一方婚前个人所有的财产，婚后由双方共同使用、经营、管理的，房屋和其他价值较大的生产资料经过 8 年，贵重的生活资料经过 4 年，可视为夫妻共同财产”的规定已经不再适用。根据现行的《民法典》及相关司法解释的规定，属于夫妻一方婚前的个人财产，并不会因为结婚的时间长短而导致财产的性质发生转化。

法条指引

《中华人民共和国民法典》

第一千零六十三条　下列财产为夫妻一方的个人财产：

（一）一方的婚前财产；

……

《最高人民法院关于适用〈中华人民共和国民法典〉婚姻家庭编的解释（一）》

第三十一条　民法典第一千零六十三条规定为夫妻一方的个人财产，不因婚姻关系的延续而转化为夫妻共同财产。但当事人另有约定的除外。

四、其他财产分割问题

21. 一方婚后取得的有限公司股权，离婚时如何分割？

案情简介

李某系北京某科技有限公司的股东，持有该公司 30% 的股权。李某与魏某婚后生有一子李某某，现已成年。两人感情出现问题后，李某曾起诉要求与魏某离婚，法院以夫妻感情尚未破裂为由，驳回了李某要求离婚的请求。后李某再次起诉离婚，称双方分居已经超过两年，早已没有了夫妻感情。庭审中，魏某表示同意离婚，但要求分割夫妻共同财产，包括房产、车辆、存款以及李某名下的公司股权等。

法院经审理查明，在两人的婚姻关系存续期间，李某与案外人焦某、尹某共同出资设立了北京某科技有限公司，现公司注册资本为200万元。魏某要求取得李某在该公司一半的股权，经法院询问后，该公司股东于庭审期间召开了临时股东会，并作出股东会决议，全体股东一致同意股东李某将其名下所持有的15%公司股权转让给魏某，公司其他股东放弃优先购买权。最终法院判决：李某在北京某科技有限公司所享有的30%的股权，由李某与魏某各分得一半，李某于判决生效后十五日内，将其名下一半的股权移转至魏某名下。

律师观点

近年来，越来越多的离婚案件都涉及股权分割问题。夫妻一方在婚姻关系存续期间所取得的公司股权，属于生产、经营的收益，离婚时可以作为夫妻共同财产进行分割，常见的分割方式有以下两种。

第一，双方均同意由一方继续持有公司股权，并给予另一方相应的折价补偿款。此时，需要双方对股权价值和补偿款的具体数额进行协商，如双方协商达成一致，则法院可径行作出判决；如果双方不能协商一致，就涉及对股权价值的评估，通常需要一方主动提出申请，由法院委托第三方评估公司对争议股权进行作价。

第二，一方不主张股权折价款，而要求直接取得公司股东身份。此类情况处理起来就要复杂一些，因为股东身份不仅涉及配偶的人身权利，同时还会涉及公司其他股东的合法权益，实质上属于股权转让问题。因此，法院必须在征求公司其他股东的意见后，严格按照法律规定的程序进行处理。根据《最高人民法院关于适用〈中华人民共和国民法典〉婚姻家庭编的解释（一）》第七十三条的规定，在股东的配偶要求直接取得公司股权的情况下，如果公司过半数股东同意，并且其他股东明确表示放弃优先购买权的，则该股东的配偶可以取得公司股权进而成为该公司的股东；如果公司过半数的股东不同意，但愿意支付转让款购买该股权的，则配偶无法取得公司的股权，只能对股权转让所得款项进行分割。

法条指引

《中华人民共和国民法典》

第一千零六十二条 夫妻在婚姻关系存续期间所得的下列财产，为夫妻的共同财产，归夫妻共同所有：

……

（二）生产、经营、投资的收益；

……

《最高人民法院关于适用〈中华人民共和国民法典〉婚姻家庭编的解释（一）》

第七十三条 人民法院审理离婚案件，涉及分割夫妻共同财产中以一方名义在有限责任公司的出资额，另一方不是该公司股东的，按以下情形分别处理：

（一）夫妻双方协商一致将出资额部分或者全部转让给该股东的配偶，其他股东过半数同意，并且其他股东均明确表示放弃优先购买权的，该股东的配偶可以成为该公司股东；

（二）夫妻双方就出资额转让份额和转让价格等事项协商一致后，其他股东半数以上不同意转让，但愿意以同等条件购买该出资额的，人民法院可以对转让出资所得财产进行分割。其他股东半数以上不同意转让，也不愿意以同等条件购买该出资额的，视为其同意转让，该股东的配偶可以成为该公司股东。

用于证明前款规定的股东同意的证据，可以是股东会议材料，也可以是当事人通过其他合法途径取得的股东的书面声明材料。

22. 婚前给付的彩礼，能否要求返还？

案情简介

原、被告经人介绍相识，短暂恋爱后结婚。结婚后不久，双方就因为家庭琐事发生争吵，且被告在吵架后多次夜不归宿。原告认为双方性格严重不合，主动提出与被告离婚，并要求被告返还原告给付的10万元彩礼，被告表示同意离婚，但不同意返还彩礼。后原告向法院提起诉讼。

法院经审理认为，原告与被告结婚时间较短，婚后两人经常为生活琐事发生矛盾，并未建立真挚的夫妻感情。现原告要求与被告离婚，被告也认为双方感情已经破裂，故法院准予双方离婚。关于原告要求被告返还彩礼的问题，原告称被告在结婚前向原告索要10万元作为彩礼，给原告及其家人带来了较大的经济负担。被告认可收到10万元彩礼款，但表示双方在结婚前因拍婚纱照、购置结婚用品等已经将彩礼消费完毕，不同意返还。法院综合考虑双方的结婚时间较短，且原告给付的彩礼数额较大等因素，最终判决：一、准予离婚；二、被告于判决生效后十日内返还原告彩礼款35000元。

律师观点

彩礼制度源于我国古代的风俗习惯，但我国现行法律并未对彩礼作出具体、明确的定义。目前，理论界和实务界普遍认同彩礼属于一种特殊形式的赠与，通常具有以下特点：第一，给付彩礼的时间通常发生在男女双方结婚之前；第二，一方给付彩礼的目的是与对方结婚；第三，彩礼的具体给付方式与当地的一般风俗密切相关。

在离婚案件中，涉及彩礼的认定及返还问题时，法院通常要结合男女双方所在地区的风俗以及个案的具体情况进行判断。《最高人民法院关于适用〈中华人民共和国民法典〉婚姻家庭编的解释（一）》第五条明确规定了可以要求返还彩礼的三种法定情形：第一，双方未办理结婚登记手续；第二，双方办理结婚登记手续但确未共同生活；第三，婚前给付并导致给付人生活困难。需要注意的是，上述第二种、第三种法定情形必须以夫妻双方离婚为前提。如果是在婚姻关系存续期间，给付彩礼一方反悔，要求另一方返还彩礼的，法院将不予支持。

对于第一种情形，彩礼给付之后，如果男女双方最终没能登记结婚即分手的，等同于彩礼给付一方没有达到与对方结婚的目的，故原则上应当返还彩礼。对于第二种情形，如果双方办理了结婚登记手续但确未共同生活的，也应当考虑返还彩礼。虽然双方在形式上办理了结婚登记，但实质上并没有以夫妻名义共同生活，如果此时一概不予返还彩礼，很可能导致对给付彩礼一方的不公平。对于第三种情形，也是出于公平原则的考虑。现实中有些彩礼数额较大，如双方结婚不久后即离婚，确实会对彩礼给付一方的正常生活造成影响，因此也应当予以返还。

实践中，法院在确定彩礼的返还方式以及返还比例时仍需综合考虑各种客观情况，比如双方未能登记结婚即分手的原因是什么、双方离婚是否由于一方过错导致、双方结婚的时间长短、彩礼是否已经消耗等。如果双方分手、离婚确实由于给付彩礼一方存在过错，或者彩礼确实已经合理消耗的，则应当降低返还的比例。

法条指引

《最高人民法院关于适用〈中华人民共和国民法典〉婚姻家庭编的解释（一）》

第五条 当事人请求返还按照习俗给付的彩礼的，如果查明属于以下情形，人民法院应当予以支持：

（一）双方未办理结婚登记手续；

（二）双方办理结婚登记手续但确未共同生活；

（三）婚前给付并导致给付人生活困难。

适用前款第二项、第三项的规定，应当以双方离婚为条件。

23. 股票期权如何分割？

案情简介

原告朱某与被告张某结婚两年，婚后无子女。原告朱某系某银行员工，被告张某系某上市公司员工。后原告朱某发现被告张某有外遇，两人因此产生纠纷，矛盾逐渐激化，原告朱某起诉至法院要求与被告张某离婚，并要求分割被告张某所享有的公司股票期权。

庭审时，被告张某同意离婚，也认可其享有公司一定数量的股票期权，但称期权尚未行使，无法分割，并提供了某控股集团股份有限公司的股票期权计划等文件予以证明。原告朱某不认可被告张某的陈述，向法院提交了调查取证申请，申请法院调查被告张某在该公司的期权数量以及具体的行权情况。法院调查取得了被告张某与该公司签订的书面协议，该公司授予其 3 万股期权，截至本案法庭辩论终结之时，被告张某所持有的股票期权可行权数量为 1 万股，行权价格为 15 元。法院认为，双方感情的现状，已不利于继续共同生活，故对原告朱某要求与被告张某离婚的请求予以支持。原告朱某主张要求分割被告张某所持有的部分股票期权，于法有据。最终法院判决：一、准予原告朱某、被告张某离婚；二、被告张某持有的某控股集团股份有限公司的股票期权归被告张某所有，被告张某于判决生效之日起十日内给付原告朱某折价款 7 万元。

律师观点

股票期权，是指上市公司对内部员工的一项激励政策，符合一定条件的员工有权按照事先约定的时间和价格购买或卖出该公司一定数量的股票，从而获得相应的收益。因此，从性质上看，股票期权属于公司对员工的一种奖励。根据《民法典》第一千零六十二条的规定，夫妻在婚姻关系存续期间所得的工资、奖金属于夫妻共有财产。既然是共有财产，离婚时就应当进行分割。

实践中，对股票期权的分割通常采用折价补偿的方式，即股票期权仍然归该公司员工一方所有，同时给予另一方相应的折价补偿。由于股票期权是上市公司对其内部员工的一种激励政策，与员工在公司的职务密切相关，具有一定的身份性。而员工的配偶并不具备上述身份，客观上也就无法直接取得该员工所享有的股票期权。

需要注意的是，离婚时对于股票期权的分割，必须是已行权或者可行权的部分。如果离婚时，一方虽享有期权，但截至法庭辩论终结时，股票期权尚未达到可以行权的条件，则法院将无法分割。此时，只能等该部分股票期权实际行权之后，再另行解决。

法条指引

《中华人民共和国民法典》

第一千零六十二条 夫妻在婚姻关系存续期间所得的下列财产，为夫妻的共同财产，归夫妻共同所有：

（一）工资、奖金、劳务报酬；

……

第一千零八十七条第一款 离婚时，夫妻的共同财产由双方协议处理；协议不成的，由人民法院根据财产的具体情况，按照照顾子女、女方和无过错方权益的原则判决。

24. 夫妻双方饲养的宠物，离婚时能否分割？

案情简介

原告纪某与被告王某结婚三年，婚后未生育子女。双方在婚后饲养了一只金毛犬，取名奇奇，平时主要由被告王某负责照料。婚姻初期双方感情较好，但被告王某身体虚弱，婚后几次怀孕都不幸流产，因此被告王某的情绪产生了变化，变得易怒，并时常因为琐事与原告纪某及家人争吵。某天，双方再次争吵后分居。后纪某作为原告起诉至法院要求离婚，并要求依法分割双方婚后购买的电视机、电脑、冰箱等电器以及金毛犬。

庭审时，被告王某同意离婚，但提出金毛犬必须由自己饲养。被告王某认为，由于自己身体不好，一直未能生育子女，金毛犬是自己目前唯一的精神寄托。经法院主持双方调解，双方对金毛犬的分割达成了一致意见。法院认为，原、被告婚后未能正确处理夫妻关系，引发矛盾，现双方均表示要求离婚，应予准许。财产分割方面，法院根据双方的意愿以及财产的使用情况酌情处理。最终法院判决：一、准予原告纪某与被告王某离婚；二、双方共同所有的电视机、电脑、冰箱归原告纪某所有，原告纪某给付被告王某5000元，宠物金毛犬归被告王某所有。

律师观点

夫妻双方在婚姻关系存续期间购买、饲养的宠物，应当属于《民法典》第一千零六十二条规定的“其他应当归共同所有的财产”，既然是财产，则不论宠物的价值如何，离婚时都可以要求分割。但是，由于宠物本身具有生命特征，无法进行实物分割，只能采取折价补偿的方式进行分割，即由一方直接饲养宠物，同时给予另一方相应的经济补偿。虽然宠物在法律上是一种特定的“物”，具有一定的客观价值，但是对于当事人来说，更大的价值在于精神层面。

实践中，法院在处理类似问题时通常会主持双方进行协商，让双方对宠物的抚养、价值补偿，甚至是离婚后对宠物的探望等问题达成一致。如确实无法协商一致的，法院在判决时只能参考日常生活中哪一方对宠物的照料、付出更多，是否存在一方出于对抗情绪故意争夺宠物饲养权为难另一方的情况。总之，越来越多的离婚案件涉及很多难以处理且在法律上找不到具体规定的现实问题，这些现实问题也确实直接影响到当事人的合法权益，这就需要法官和当事人灵活地运用法律去解决问题。

法条指引

《中华人民共和国民法典》

第一千零六十二条 夫妻在婚姻关系存续期间所得的下列财产，为夫妻的共同财产，归夫妻共同所有：

……

（五）其他应当归共同所有的财产。

……

25. 离婚时，为女方购买的钻戒能否分割？

案情简介

原告方某与被告于某同居数月后登记结婚。在双方原定的婚礼日期前，方某发现于某竟然出轨他人，一气之下提出分手，并要求于某返还自己为其购买的手机、皮包，以及价值2万元的钻戒等，同时要求于某赔偿自己精神损失费10万元。

法院经审理查明，在双方共同生活期间，原告方某曾为被告于某购置手机及皮包，但当时双方并未明确决定结婚，故上述物品应为原告方某对被告于某个人的赠与，原告方某要求被告于某返还的依据不足。双方登记结婚后，原告方某支出2万元购买钻戒，现被告于某认可该钻戒在其手中，但表示钻戒属于女士专用的个人物品，不同意返还。

法院认为，原、被告系自由恋爱结婚，但婚姻关系持续时间较短，双方没有建立起真挚的夫妻感情，现原告方某起诉要求离婚，被告于某表示同意，应予以准许。关于双方婚姻关系存续期间原告方某为被告于某购买的女士钻戒，因该钻戒价值较高，且除佩戴外还具有一定的保值功能，并非单纯的生活用品，故应当作为夫妻共同财产进行分割。关于原告方某主张被告于某出轨，并要求被告于某赔偿原告方某精神损失费的主张，因原告方某未提供证据予以证明，故对该项请求不予支持。最终法院判决：一、准许原告方某与被告于某离婚；二、钻戒归被告于某所有，被告于某于判决生效后十日内给付原告方某折价补偿款1万元；三、驳回原告方某的其他诉讼请求。

律师观点

根据《民法典》第一千零六十三条的规定，一方专用的生活用品应当属于夫妻一方的财产。这里提到的“一方专用的生活用品”通常指夫妻一方的衣物、价值不高的首饰等日常用品。对于价值较高的珠宝、首饰等物品，不能简单地认为属于夫妻一方的个人生活用品。钻戒作为生活中较为常见的珠宝，其价值往往也较高，如果确实购买于双方婚姻关系存续期间，则离婚时应当作为夫妻共同财产予以分割。但实践中经常出现男方在结婚登记之前购买钻戒送给女方的情形。此时，由于购买钻戒的时间发生在双方结婚之前，应当视为男方对女方个人的赠与，在法律上属于女方个人的婚前财产，离婚时不应予以分割。

另外，还需要注意的是，在离婚案件中，如一方欲主张分割双方婚后购买的珠宝类价值较高的财产，必须首先有证据证明待分割的珠宝确实客观存在，并证明其由夫妻一方实际保管、控制，其次才涉及珠宝的具体价值以及如何分割问题。如果不能向法院证明珠宝确实客观存在，则法院将无法进行处理。

法条指引

《中华人民共和国民法典》

第一千零六十三条 下列财产为夫妻一方的个人财产：

……

（四）一方专用的生活用品；

……

第四章
夫妻债务的认定

1. 夫妻共同债务的认定标准是什么？

案情简介

被告黄某与刘某原系夫妻关系，感情破裂后离婚。原告白某与被告黄某系同事关系，黄某称因家中急需用钱，曾向白某借款8万元，并承诺半年之内偿还。白某同意后通过银行转账方式向黄某交付了借款8万元。但借款到期后，黄某并未按约定还款，且从公司离职。故白某起诉至法院，要求被告黄某与刘某共同偿还上述8万元借款及利息。

开庭时，被告黄某未到庭参加诉讼。被告刘某称自己已与黄某离婚，虽然原告白某主张的借款发生在黄某与自己的婚姻关系存续期间，但双方感情早已出现问题，且刘某对黄某的上述借款根本不知情，也没有使用过上述借款，故认为该款项应属于被告黄某的个人债务。经法庭询问，原告白某表明在借款前，其虽知道黄某与刘某系夫妻关系，但白某与刘某并不熟识，借款是被告黄某本人自行向白某提出的。

法院认为，根据原告白某提供借条和银行转账凭证，可以认定其与被告黄某之间存在借贷关系。该借款虽然发生在被告黄某和刘某夫妻关系存续期间，但结合庭审查明的事实以及现有证据不能证明被告刘某与黄某存在共同向原告白某借款的合意，且上述借款也未用于两被告的夫妻共同生活。因此，涉案8万元借款不属于夫妻共同债务。最终法院判决：一、被告黄某于判决生效之日起十日内偿还原告白某借款8万元及利息（以8万元为基数，按年利率6%计算，自判决生效之日起至实际清偿之日止）；二、驳回白某的其他诉讼请求。

律师观点

夫妻共同债务，是指在婚姻关系存续期间，夫妻为共同生活所负的债务。夫妻债务的认定历来属于司法实践中的疑难问题，法院一方面要维护市场交易的稳定，保障债权人的合法债权得以实现；另一方面也要维护未举债一方配偶的合法权益，防止配偶一方“被负债”。目前，《民法典》及相关司法解释、地方司法文件对夫妻共同债务的认定均作出了原则性的规定。一般来说，认定夫妻共同债务的基本标准有以下几种：第一，债务的发生时间。如果债务产生于婚姻关系存续期间，则理论上配偶一方就可能存在承担共同债务的风险。第二，夫妻双方是否有共同举债的意思表示。如果夫妻双方以共同名义出具借条，则无论所借款项最终是否由双方共同使用，均可直接认定为属于夫妻共同债务，即“共债共签”原则。第三，夫妻一方所借债务的用途。债务虽然是夫妻一方所借，但最终用于夫妻共同生活，未举债一方配偶实际分享了该债务所带来的利益的，则应认定为夫妻共同债务。

近年来，社会各界对《最高人民法院关于适用〈中华人民共和国婚姻法〉若干问题的解释（二）》（已失效）第二十四条关于“债权人就婚姻关系存续期间夫妻一方以个人名义所负债务主张权利的，应当按夫妻共同债务处理”的规定的争议不断，很多离婚当事人因为该规定而“被负债”，笔者本人也一贯反对该条“时间说”的观点。也正是由于广大群众及法律人士的呼吁，2018 年 1 月 16 日，最高人民法院发布了《关于审理涉及夫妻债务纠纷案件适用法律有关问题的解释》，正式确立了“共债共签”原则以及“用途说”，最终《民法典》也从法律层面予以确认。至此，可以说我国法律在对夫妻共同债务的认定问题上有了显著的进步。

法条指引

《中华人民共和国民法典》

第一千零六十四条 夫妻双方共同签名或者夫妻一方事后追认等共同意思表示所负的债务，以及夫妻一方在婚姻关系存续期间以个人名义为家庭日常生活需要所负的债务，属于夫妻共同债务。

夫妻一方在婚姻关系存续期间以个人名义超出家庭日常生活需要所负的债务，不属于夫妻共同债务；但是，债权人能够证明该债务用于夫妻共同生活、共同生产经营或者基于夫妻双方共同意思表示的除外。

2. 一方超出日常家庭生活所需的借款，是否属于夫妻共同债务？

案情简介

原告陆某与被告冯某系大学同学，被告冯某曾以个人资金周转为由向原告陆某借款25万元，原告出于双方多年的同学交情，有一定的信任基础，故将款项借给被告。数月后，借款到期，冯某仅归还了3万元，并称手头儿紧，希望原告宽限还款期。之后原告陆某多次催要借款无果，便将被告冯某及其配偶赵某一并起诉到法院，要求夫妻双方共同偿还剩余借款。

法院经审理查明，原告陆某以银行转账方式向被告冯某出借人民币25万元，银行汇款单上备注显示为"借款"，上述借款发生在被告冯某与赵某的婚姻关系存续期间。借款当日，被告冯某手写借条一份，内容为："今借陆某人民币25万元，借款期限3个月，到期后一次性偿还。"原告认为被告赵某与冯某系夫妻关系，应当对冯某所借款项承担连带偿还责任。被告冯某认可借款事实，但表示目前没有能力还款，并称借款一事自己并未与配偶赵某商量，属于个人行为。被告赵某辩称，其对配偶冯某借款一事并不知情，而且25万元借款已经超过了家庭的正常生活需要，不应认定为夫妻共同债务。

法院认为，根据原告提交的借条和银行汇款凭证，可以认定原告陆某与被告冯某之间存在借贷关系，被告冯某在借款到期后应当归还。但夫妻一方在婚姻关系存续期间以个人名义超出家庭日常生活需要所负的债务，债权人以属于夫妻共同债务为由主张权利的，人民法院不予支持，但债权人能够证明该债务用于夫妻共同生活、共同生产经营或者基于夫妻双方共同意思表示的除外。本案借款虽然发生在两被告婚姻关系存续期间，但借款数额已经超出家庭日常生活需要，原告亦未能举证证明该债务用于夫妻共同生活、共同生产经营或者基于夫妻双方共同意思表示，故原告要求被告赵某对借款承担连带偿还责任的请求，不应被支持。

最终法院判决驳回了原告要求被告赵某对借款承担连带偿还责任的诉讼请求。

律师观点

一方超出日常家庭生活所需的借款，通常是数额较大的借款。从一般常理上来看，债权人在出借大额借款时，自己本身就应当负有较高的注意义务，比如要求借款人提供担保，或者要求其配偶共同签署借款协议。多少金额的借款属于“超出家庭日常生活需要”呢？对此，《浙江省高级人民法院关于妥善审理涉夫妻债务纠纷案件的通知》中明确规定，“单笔举债或对同一债权人举债金额在20万元以上的”可以认定为“超出家庭日常生活需要所负债务”，该通知可以作为参考标准。当然，实践中各地的规定有所不同，且每个案件都有其特殊性，仍要具体案情具体分析，不能一概将20万元作为“超出家庭日常生活需要”的标准。

本案中，法院在认定涉案借款是否属于夫妻共同债务时，直接引用了《民法典》第一千零六十四条第二款的规定，认定涉案25万元借款明显属于“超出家庭日常生活需要所负的债务”，最终认定该借款属于夫妻一方的个人借款，配偶一方不必承担连带偿还责任。由此可以看出，婚姻关系存续期间，夫妻一方以个人名义所负债务，如果借款数额较大，明显超出家庭日常生活所需，且债权人无法证明债务确实用于夫妻共同生活的，则不应认定为夫妻共同债务。

法条指引

《中华人民共和国民法典》

第一千零六十四条第二款　夫妻一方在婚姻关系存续期间以个人名义超出家庭日常生活需要所负的债务，不属于夫妻共同债务；但是，债权人能够证明该债务用于夫妻共同生活、共同生产经营或者基于夫妻双方共同意思表示的除外。

3. 婚后一方为购房而向自己父母借款，是否属于共同债务？

案情简介

原告周某与被告周某某系父子关系。被告周某某与被告马某原系夫妻关系，二人感情破裂后以协议方式登记离婚。后原告周某将被告周某某与马某起诉至法院，称二被告在婚内购买过一套位于北京市昌平区某处的房屋，而被告周某某为此曾向原告周某借款15万元，至今未还，现要求二被告共同偿还上述借款。

庭审中，被告周某某认可向原告周某借款的事实。被告马某认为原告周某与被告周某某是父子关系，两人有恶意串通的嫌疑，且马某与周某某签订离婚协议时已经明确约定无债权债务，故不认可原告的主张。法院经审理查明，二被告周某某、马某确实于婚内购买了北京市昌平区××号房屋，该房屋的首付款 18 万元系通过被告周某某名下农业银行账户支付，该银行账户于付款当天开卡，并于当天存入现金 18 万元。同日，原告周某从其名下工商银行账户中取现 15 万元。被告周某某称首付款中有 15 万元是向原告周某所借，另外 3 万元是被告周某某与马某的日常存款。

法院认为，结合在案相关证据以及生活常识，原告周某提出的向被告周某某出借 15 万元用于支付购房首付款的主张具有高度可信性。因二被告所购房屋系双方的夫妻共同财产，故该笔借款应属于夫妻共同债务。最终法院判决被告周某与被告马某共同偿还原告借款 15 万元。

律师观点

日常生活中，夫妻双方在婚后因购置房产而向家人及朋友借款的情况时有发生。如果借款系由夫妻双方共同签署借款协议，或共同出面向债权人协商借款事宜，则所借款项属于夫妻共同债务不存在任何争议。但在实践中，夫妻双方以及各自的家人，往往碍于情面或者出于其他考虑，在借款时常常只有夫妻一方出面，所借款项也是交付给夫妻一方。也正因此，一旦双方离婚，未出面借款的一方常常会否认借款的事实。此时，就需要法院综合考虑借款发生时间、借款的金额及用途、债权人以及夫妻双方在借款时的经济能力等因素进行判断。如果夫妻一方以个人名义借款，但款项确实用于双方共同生活的，则应当认定属于夫妻共同债务，由夫妻双方共同承担还款义务。

本案中，法院审理后认为二被告的经济实力明显不具备支付房屋首付款的能力，并且在被告周某某付款当天，原告从银行取出了 15 万元现金，最终法院认定借款事实存在，判决由二被告共同偿还原告的借款。

法条指引

《中华人民共和国民法典》

第一千零六十四条　夫妻双方共同签名或者夫妻一方事后追认等共同意思表示所负的债务，以及夫妻一方在婚姻关系存续期间以个人名义为家庭日常生活需要所负的债务，属于夫妻共同债务。

夫妻一方在婚姻关系存续期间以个人名义超出家庭日常生活需要所负的债

务，不属于夫妻共同债务；但是，债权人能够证明该债务用于夫妻共同生活、共同生产经营或者基于夫妻双方共同意思表示的除外。

4. 夫妻一方对外借款是否用于家庭共同生活，应当由谁承担举证责任？

案情简介

原告叶某与被告戚某、吴某均系朋友关系。被告戚某与吴某系夫妻关系，两人因感情不和分居。被告戚某因经营需要向原告叶某借款 6 万元，后再次向叶某借款 4 万元，并口头约定了还款期限。但借款到期后，戚某未能依约还款，故叶某将戚某、吴某一并起诉，要求法院判决二被告共同偿还借款 10 万元。

被告戚某认可借款事实，并表示与被告吴某因感情不和早已分居，双方经济独立，所借款项并没有用于双方共同生活。被告吴某主张，夫妻双方之前分居就是因为经济问题，且吴某本人有稳定的工作和收入，足以维持正常生活，涉案借款吴某并不知情，也不同意偿还。

法院审理过程中，对原、被告各方进行了询问，认为原告叶某与二被告系多年的朋友，被告戚某分两次向原告叶某借款 10 万元，从风险防范的角度而言，原告叶某完全可以在两次借款时通知被告吴某，但原告叶某并未尽到上述注意义务。且案涉借款发生在被告戚某与吴某分居期间，结合被告的收入情况，可以证明被告戚某并未将借款用于夫妻共同生活，故案涉借款不属于夫妻共同债务。一审法院判决：一、被告戚某于判决生效后十日内偿还原告叶某借款 10 万元；二、驳回原告叶某的其他诉讼请求。

一审判决作出后，原告叶某不服，提起上诉。二审法院经审理后认为，涉案债务既非基于夫妻双方共同意思表示而产生，又未实际用于夫妻共同生活，不应认定为夫妻共同债务，最终维持了一审判决。

律师观点

《民法典》第一千零六十四条第一款规定："……夫妻一方在婚姻关系存续期间以个人名义为家庭日常生活需要所负的债务，属于夫妻共同债务。"根据上述规定，夫妻一方为家庭日常生活所负债务，原则上应当推定为夫妻共同债务。因此，如借款人的配偶认为一方所负债务不属于夫妻共同债务，应当自行举证证明该债务并未用于家庭日常生活。

实践中，作为没有举债合意的一方，应如何证明配偶所负债务未用于家庭日常生活呢？从债务人配偶的角度分析，我们认为应当围绕债权人所主张的债务形成之时，夫妻双方的感情和睦程度、夫妻双方的收入情况、家庭日常生活中有无重大花销、借款的实际用途是否与家庭生活相关等方面进行举证。具体到本案而言，涉案债务的数额并没有"超出家庭日常生活需要"，而被告通过积极的举证，证明债务发生之时夫妻双方已然处于长期分居状态，且被告有稳定的收入来源，最终使法院认定涉案债务不属于夫妻共同债务。

法条指引

《中华人民共和国民法典》

第一千零六十四条　夫妻双方共同签名或者夫妻一方事后追认等共同意思表示所负的债务，以及夫妻一方在婚姻关系存续期间以个人名义为家庭日常生活需要所负的债务，属于夫妻共同债务。

夫妻一方在婚姻关系存续期间以个人名义超出家庭日常生活需要所负的债务，不属于夫妻共同债务；但是，债权人能够证明该债务用于夫妻共同生活、共同生产经营或者基于夫妻双方共同意思表示的除外。

5. 夫妻一方冒用双方名义借款的，是否属于共同债务？

案情简介

被告刘某与谢某系夫妻关系，在两人婚姻关系存续期间，被告刘某陆续向原告梁某借款40万元，月利率为1%，并明确约定了还款日期。后因刘某未按期还款，原告梁某起诉至法院，要求被告刘某偿还借款，同时要求被告谢某承担连带偿还责任。

庭审时，原告梁某出具借条一份，内容为："今借梁某人民币（大写）肆拾万元整。月利率1%，于20×× 年 ×× 月 ×× 日前偿还。借款人刘某（签字），担保人谢某（签字）。"被告刘某未到庭答辩。被告谢某答辩称，原告梁某所提交的借条中担保人处并非谢某本人亲笔签名，谢某本人对该笔借款并不知情，被告刘某也未将上述款项用于夫妻共同生活，不同意承担连带清偿责任。

经被告谢某提出申请，法院依法委托司法鉴定机构对借条上谢某的签字进行了笔迹鉴定，鉴定结论证实该签名并非谢某本人所签。法院认为，涉案借款虽然发生在二被告婚姻关系存续期间，但现有证据不足以证明该借款属于被告刘某为家庭日常生活所负债务，故原告梁某要求被告谢某承担连带偿还责任的请求，法院不予支持。最终法院判决驳回了原告要求被告谢某承担连带偿还责任的诉讼请求。

律师观点

实践中，夫妻一方在配偶不知情的情况下，伪造配偶签名、冒用双方名义对外借款的事情时有发生。此类行为不仅侵害了不知情配偶一方的合法权益，情节严重的甚至还涉嫌刑事犯罪。但夫妻一方冒用配偶名义借款的行为是否一律不具有法律效力呢？仍要根据具体情况进行分析判断。如夫妻一方擅自对外举债，但所负债务数额不大，或虽然借条上并非夫妻一方本人真实签字，但未签字一方同意共同偿还债务，或一方所负债务确实用于夫妻共同生活，则仍可认定属于夫妻共同债务。

现实生活中，即便是夫妻关系，相互之间也不可能完全了解和掌握对方日常的个人行为。因此，在发生诸如本案的情形时，对配偶擅自举债事先并不知情的一方应当尽量举证反驳债权人的主张，如确实存在伪造本人签字的情形，必要时应当主动向法院申请启动笔迹鉴定程序，还原事实真相，积极运用法律手段维护自身的合法权益。

法条指引

《中华人民共和国民法典》

第一千零六十四条　夫妻双方共同签名或者夫妻一方事后追认等共同意思表示所负的债务，以及夫妻一方在婚姻关系存续期间以个人名义为家庭日常生活需要所负的债务，属于夫妻共同债务。

夫妻一方在婚姻关系存续期间以个人名义超出家庭日常生活需要所负的债务，不属于夫妻共同债务；但是，债权人能够证明该债务用于夫妻共同生活、共同生产经营或者基于夫妻双方共同意思表示的除外。

6. 夫妻一方在婚姻关系存续期间对外提供担保，是否属于共同债务？

案情简介

被告孙某与孙某某系堂兄弟关系，被告孙某某与杨某系夫妻。被告孙某因公司资金周转，曾向原告李某借款80万元，月利率2%，孙某因公司经营不善一直未能偿还借款。后原告李某要求被告孙某重新签订了一份还款担保协议，被告孙某某作为连带责任保证人在协议上签字。后孙某逾期未能偿还借款，原告李某遂起诉至法院，要求法院判决被告孙某立即偿还借款80万元及利息，同时要求被告孙某某及其配偶杨某承担连带保证责任。

庭审时，被告孙某认可借款事实。被告孙某某认可在还款担保协议上签字，表示当时只是出于好心才为堂哥孙某提供担保，但自己并没有得到任何好处。被告杨某提出，虽然其与孙某某系夫妻关系，但对于孙某某擅自对外提供担保一事并不知情，认为案涉款项不属于夫妻共同债务。

法院经审理后认为，本案原告李某与被告孙某之间存在合法有效的借贷关系，且被告孙某某自愿为孙某的债务提供担保，各方当事人均系真实意思表示，应全面履行各自的义务。本案中，被告孙某某在其配偶不知情的情况下对外所负担保之债不应当认定为夫妻共同债务。虽然被告孙某某与杨某系夫妻关系，但被告杨某既非借款人，也非担保人，故原告李某要求被告杨某对孙某的债务承担连带责任的请求缺乏法律依据。

最终法院判决：一、被告孙某于判决生效后十日内偿还原告李某借款80万元及利息（以80万元为基数，按年利率24%计算，自判决生效之日起至实际付清之日止）；二、被告孙某某对上述债务承担连带保证责任，直至被告孙某实际付清上述款项为止；三、驳回原告李某的其他诉讼请求。

律师观点

本案中，被告孙某某个人对外所负的担保之债不属于《民法典》规定的夫妻为家庭日常生活所负的债务。被告孙某某仅是出于好心，为了帮哥哥孙某的忙而提供无偿保证，不仅在主观上没有以此获利的动机，客观上也确实没有因为提供保证而得到任何利益，更谈不上与其自己的家庭日常生活有关。因此，不应将该担保行为认定为夫妻共同债务。

但是，如果夫妻一方对外进行担保取得了一定的经济利益，并且将该利益用于日常家庭生活，或者配偶一方实际上分享了所取得的经济利益，则应当认定为属于夫妻共同债务，配偶双方就需要对该担保行为共同承担连带清偿责任。

法条指引

《中华人民共和国民法典》

第一千零六十四条 夫妻双方共同签名或者夫妻一方事后追认等共同意思表示所负的债务，以及夫妻一方在婚姻关系存续期间以个人名义为家庭日常生活需要所负的债务，属于夫妻共同债务。

夫妻一方在婚姻关系存续期间以个人名义超出家庭日常生活需要所负的债务，不属于夫妻共同债务；但是，债权人能够证明该债务用于夫妻共同生活、共同生产经营或者基于夫妻双方共同意思表示的除外。

7. 分居期间，夫妻一方所负的债务如何认定？

案情简介

被告郑某与程某系夫妻关系，郑某曾向原告钱某借款10万元。借款到期后，原告钱某多次催要，被告郑某以各种理由拖延还款。后原告起诉至法院，要求二被告共同偿还借款。

庭审中，原告钱某称出于对被告郑某的信任，双方未签订书面借款协议，也未约定利息。原告通过银行转账方式向郑某提供借款，因二被告系夫妻关系，故上述借款属于夫妻共同债务，应由二被告共同偿还。被告郑某认可借款事实，并认可借款属于夫妻共同债务。被告程某辩称，不清楚被告郑某借钱的事，且早在上述借款时间之前即与被告郑某分居，双方也曾多次沟通离婚事宜，但因对孩子抚养以及财产分割问题未能达成一致，故至今仍未办理离婚手续。分居期间孩子跟随程某一同生活，其间郑某未给过家里一分钱，因此郑某与钱某之间的债务不属于夫妻共同债务，应由郑某自己偿还。

法院认为，根据原、被告各方的陈述，可以确认原告钱某与被告郑某之间存在民间借贷关系。虽然被告郑某认可借款为夫妻共同债务，但考虑到借款发生时二被告处于分居期间，且已准备离婚，现有证据不能证明被告郑某所借款项用于夫妻共同生活，故不应认定为夫妻共同债务。最终法院判决：一、被告郑某于判决生效后十日内偿还原告钱某借款10万元及利息（以10万元为基数，按照年利率6%的标准，自判决生效之日起至实际清偿之日止）；二、驳回原告钱某的其他诉讼请求。

律师观点

对于夫妻双方在分居期间所产生的债务，是否属于夫妻共同债务，不能一概而论。根据《民法典》的规定，只要夫妻双方未依法办理离婚手续，即使已经分居，也仍然处于婚姻关系存续期间，双方在分居期间各自所得的财产，原则上仍属于夫妻共同财产。因此，双方在分居期间实际产生的债务，如果确实用于日常家庭生活，比如抚养子女、看病就医等合理支出，则应当属于夫妻共同债务。

但是，实践中，夫妻双方因为关系恶化在离婚之前就分居各自生活的情况很多。双方在分居期间虽仍然是夫妻关系，但相互之间可能已经没有了夫妻间的信任关系，双方各自的财务支出也相对独立，一方既不了解另一方的实际生活状态及消费情况，也不太可能再主动为另一方提供经济上的支持。因此，如分居期间一方对外负债，确实未用于夫妻共同生活的，则不应认定为夫妻共同债务。对此，《浙江省高级人民法院关于妥善审理涉夫妻债务纠纷案件的通知》中规定，有证据证明债务发生于夫妻分居、离婚诉讼等婚姻关系不安宁期间，配偶有固定工作或稳定收入来源的，可以考虑认定为个人债务。浙江省高级人民法院将夫妻分居、离婚诉讼期间定义为“婚姻关系不安宁期间”，正是充分考虑到了实践中夫妻双方关系恶化之后，信任基础丧失可能带来的一系列问题，为实践中夫妻共同债务的认定提供了一定的参考依据。

法条指引

《中华人民共和国民法典》

第一千零六十四条　夫妻双方共同签名或者夫妻一方事后追认等共同意思表示所负的债务，以及夫妻一方在婚姻关系存续期间以个人名义为家庭日常生活需要所负的债务，属于夫妻共同债务。

夫妻一方在婚姻关系存续期间以个人名义超出家庭日常生活需要所负的债务，不属于夫妻共同债务；但是，债权人能够证明该债务用于夫妻共同生活、共同生产经营或者基于夫妻双方共同意思表示的除外。

8. 一方负债的生效法律文书，能否在离婚案件中作为认定夫妻共同债务的依据？

案情简介

李某与孙某系夫妻关系，双方婚姻关系存续期间，李某的父母出资150万元为两人购买了一套房屋，房屋产权登记为李某和孙某两人。后孙某起诉至法院，要与李某离婚，并要求分割李某父母出资购买的房屋。一审法院经审理后判决准予双方离婚，并对上述房屋作为夫妻共同财产进行了分割。李某不服一审判决，提起上诉。在上诉过程中，李某的父母作为原告，以民间借贷纠纷为由另案起诉李某，主张上述150万元购房款的性质属于借款，李某的父母与李某在该案中迅速达成了调解，由法院出具民事调解书确认上述150万元属于借款。

在孙某与李某离婚纠纷案二审开庭时，李某将上述民事调解书作为新证据提交，并主张该民事调解书已经法院确认生效，能够证明涉案房屋的购房款150万元是李某父母对夫妻双方的借款，属于夫妻共同债务，应当由双方共同偿还。孙某认为，李某向二审法院提交的民事调解书明显是与其父母恶意串通达成的，双方婚后所购置的房屋确实是李某父母出资购买，但真实的购买背景是李某父母对双方的共同赠与，并非借款。

二审法院经审理后认为，李某提交的民事调解书虽确认李某应当偿还其父母150万元，但该民事调解书仅能证明李某与其父母之间存在借贷关系，本案孙某并非上述民间借贷案件中的一方当事人，故该民事调解书对孙某没有法律上的约束力。并且在本案一审开庭时，法院曾经对李某和孙某进行过询问，双方均表示在婚姻关系存续期间不存在共同债务。最终二审法院认定李某父母出资购房的行为属于对李某和孙某二人的共同赠与，对李某关于150万元系夫妻共同债务的主张不予支持。

律师观点

实践中，夫妻双方婚姻关系存续期间，双方父母对结婚、购房、装修等生活需要进行资助十分常见。从法律上看，父母并没有义务对已经成年的子女进行赠与。但现实生活中，在夫妻双方感情和谐时，父母对子女购房、装修等进行出资的行为更符合赠与的特征。当然，如果确实有证据证明父母在出资时就明确表示过出资是对双方的借贷而非赠与，则应当按照借贷关系处理。关键问题在于，通常是在夫妻双方感情不和，甚至双方已经进入离婚诉讼程序时，才突然多出了许多所谓的“债务”。站在为子女出资的父母角度上看，子女的婚姻幸福美满时，父母往往愿意为双方多付出一些，无所谓借贷还是赠与；但如果子女离婚，则父母从情感上肯定倾向于自己的付出是借贷而非赠与，并要求子女补写“借条”，甚至不惜直接起诉自己的子女。也正因此，很多离婚案件中，都会有一方将父母对双方的出资主张为夫妻共同债务。

本案中，李某在离婚诉讼二审期间与自己的父母达成了调解，并试图依据民事调解书在离婚案件中直接认定父母的出资属于夫妻共同债务。对此，实践中确实存在不同的观点。一种观点认为，《最高人民法院关于民事诉讼证据的若干规定》第十条第一款规定：“下列事实，当事人无须举证证明：……（六）已为人民法院发生法律效力的裁判所确认的基本事实；……”因此，法院可以依据李某提交的民事调解书确认李某父母的出资款属于夫妻共同债务。另一种观点则认为，在离婚案件中，一方以其本人所欠债务的生效法律文书，主张该债务为夫妻共同债务的，不宜直接将该生效法律文书作为认定夫妻共同债务的依据。本案二审法院即采纳了第二种观点，二审法院注意到李某和孙某在一审时曾经一致认可双方并不存在夫妻共同债务，最终认定李某父母的出资不属于夫妻共同债务。

法条指引

《最高人民法院关于适用〈中华人民共和国民法典〉婚姻家庭编的解释（一）》

第二十九条　当事人结婚前，父母为双方购置房屋出资的，该出资应当认定为对自己子女个人的赠与，但父母明确表示赠与双方的除外。

当事人结婚后，父母为双方购置房屋出资的，依照约定处理；没有约定或者约定不明确的，按照民法典第一千零六十二条第一款第四项规定的原则处理。

9. 夫妻一方偿还共同债务后，可以向另一方追偿吗？

案情简介

原告韩某与被告潘某系夫妻，婚后双方为购房共同向韩某的家人刘某借款30万元，约定月利率为1%。后双方因感情不和协议离婚，离婚协议中约定，双方所欠刘某借款30万元及利息由双方共同偿还，每人各承担一半份额。离婚后，因债权人刘某多次催要，韩某自行偿还了刘某借款本息共计36万元。还款后，韩某多次要求潘某分担一半债务，但潘某一直不予答复。韩某遂起诉至法院，要求潘某承担一半的借款及利息18万元。

法院审理过程中，原告韩某提交了离婚协议，向刘某偿还欠款的银行汇款凭证以及刘某出具的收条，证明双方在婚姻关系存续期间所欠刘某的款项已全部由韩某清偿。被告潘某认可上述欠款系夫妻共同债务，但认为韩某在双方离婚后自行偿还全部欠款属于韩某个人的自愿行为，故潘某无须再承担上述债务。法院认为，原、被告双方已经在离婚协议中对夫妻共同债务问题进行了明确约定，现原告韩某就双方约定的共同债务进行清偿后，有权依据离婚协议的约定向被告潘某追偿。法院最终判决：被告潘某自判决生效十日内支付原告韩某代偿款18万元。

律师观点

夫妻双方应当对夫妻共同债务承担连带清偿责任。如夫妻双方对共同债务的清偿方式作出了特别约定，比如“双方在婚姻关系存续期间的全部债务均由一方承担”，该约定也仅在夫妻双方内部有效。不论是在婚姻关系存续期间还是在离婚后，夫妻任何一方均不能以双方自行达成的债务分担比例拒绝对债权人承担的连带责任。

当然，双方自行达成的债务承担比例，在双方内部之间是具有法律效力的。如果一方先行对共同债务进行清偿，有权按照双方的内部约定向另一方行使追偿权。对此，《最高人民法院关于适用〈中华人民共和国民法典〉婚姻家庭编的解释（一）》第三十五条第二款作出了明确规定：“一方就夫妻共同债务承担清偿责任后，主张由另一方按照离婚协议或者人民法院的法律文书承担相应债务的，人民法院应予支持。”本案中，原告韩某与被告潘某在离婚协议中约定，双方各自承担一半的债务，该约定即属于双方之间的内部约定，虽然不能对抗外部债权人，但原告韩某在清偿全部债务后，有权按照离婚协议的约定要求被告潘某返还自己代为清偿的部分。

法条指引

《中华人民共和国民法典》

第一千零八十九条 离婚时，夫妻共同债务应当共同偿还。共同财产不足清偿或者财产归各自所有的，由双方协议清偿；协议不成的，由人民法院判决。

《最高人民法院关于适用〈中华人民共和国民法典〉婚姻家庭编的解释（一）》

第三十五条第二款　一方就夫妻共同债务承担清偿责任后，主张由另一方按照离婚协议或者人民法院的法律文书承担相应债务的，人民法院应予支持。

10. 离婚时夫妻共同债权如何处理？

案情简介

原告赵某与被告郝某婚后生育一子郝某某。婚后双方因性格差异较大，不能进行良好沟通和交流，经常吵架。后赵某向法院起诉离婚，并主张郝某某由赵某抚养，郝某支付抚养费。

被告郝某在庭审时同意原告赵某要求离婚和对孩子抚养权的请求，但提出在双方婚内，原告赵某的姐姐曾向原告借款人民币 4 万元，该借款属于夫妻共同债权，应当依法分割。经法院询问，原告赵某认可双方确有 4 万元共同债权，并称债务人已于近日偿还了上述借款。

法院经审理后认为，原、被告双方婚后未能妥善处理夫妻关系，导致夫妻感情破裂，故准予双方离婚。双方一致同意郝某某由原告赵某抚养，对于抚养费问题，法院根据被告郝某的收入情况，结合孩子的实际生活需要予以酌定。关于夫妻共同债权，原告赵某自认债务人已偿还上述借款，故上述 4 万元夫妻共同债权应由原、被告均等分割。

最终法院判决：一、准予原告赵某和被告郝某离婚；二、郝某某由原告赵某抚养，被告郝某每月支付抚养费 1500 元，至郝某某年满十八周岁止；三、原告赵某于判决生效之日起十日内支付被告郝某 2 万元。

律师观点

《民法典》第一千零六十二条对为夫妻共同财产进行了列举式的定义，而夫妻一方或双方在婚内的债权显然也属于夫妻共同财产的范畴，离婚时应当依法分割。关于夫妻共同债权的分割方式，法院通常会考虑便利、效率的分割原则。如债务人与夫妻一方是亲属或者朋友关系的，一般可以优先考虑判决债权归该方所有，由该方给予另一方相应数额的经济补偿，这样比较方便将来债权的行使。

实践中，有些离婚案件的双方当事人对共同债权的实际情况比较了解，在离婚双方对债权的金额、发生时间、债务人的具体信息等事实一致认可的时候，债权的分割往往相对较为简单。但也有些案件，债权信息完全由一方掌握，另一方在离婚诉讼中无法向法院提供与债权相关的证据或者线索，法院无法在离婚诉讼中对该部分债权进行处理，往往会告知双方当事人另行解决。

法条指引

《中华人民共和国民法典》

第一千零六十二条 夫妻在婚姻关系存续期间所得的下列财产，为夫妻的共同财产，归夫妻共同所有：

（一）工资、奖金、劳务报酬；

（二）生产、经营、投资的收益；

（三）知识产权的收益；

（四）继承或者受赠的财产，但是本法第一千零六十三条第三项规定的除外；

（五）其他应当归共同所有的财产。

夫妻对共同财产，有平等的处理权。

11. 一方婚前个人债务，在什么情况下会转化为夫妻共同债务？

案情简介

被告高某与陈某系夫妻关系，在两人婚姻关系存续期间，被告高某为购买位于重庆市江北区的房屋向原告秦某借款30万元。借款到期后，被告高某未按约定还款，原告遂向法院起诉，要求二被告共同偿还借款。

庭审中，原告秦某出具了高某手写的借条，证明双方存在借贷关系。被告高某认可借款购房的事实，并称该房屋购买后由二被告共同居住，并且该房屋的产权现在已经变更登记为被告高某与陈某共有。法院认为，结合原告提供的证据以及二被告的陈述，能够证明被告高某在收到原告的借款30万元后用于购置重庆市江北区房屋。因此，原告与被告高某之间的借贷关系成立。同时，因二被告在结婚后将上述房屋的所有权人变更登记为两人共同共有，故原告提出案涉借款属于二被告夫妻共同债务的主张于法有据，二被告应当对原告的借款承担连带偿还责任。

最终法院判决：被告高某、陈某于判决生效之日起十日内一次性偿还原告秦某借款本金30万元，并支付自2015年7月14日起至借款实际还清之日止的利息（按照年利率10%计算）。

律师观点

《最高人民法院关于适用〈中华人民共和国民法典〉婚姻家庭编的解释（一）》第三十一条规定："民法典第一千零六十三条规定为夫妻一方的个人财产，不因婚姻关系的延续而转化为夫妻共同财产。但当事人另有约定的除外。"根据该规定，通常情况下，夫妻一方的婚前个人财产与个人债务均不会因婚姻关系的延续而转化为夫妻共同财产或债务。但是，如果一方在婚前负债所购置的财产在婚后转化为夫妻共同财产的，则该负债也将一并转化为夫妻共同债务，夫妻双方就应当承担连带清偿责任，这样才能更好地保护债权人的利益。

另外，《最高人民法院关于适用〈中华人民共和国民法典〉婚姻家庭编的解释（一）》第三十三条规定："债权人就一方婚前所负个人债务向债务人的配偶主张权利的，人民法院不予支持。但债权人能够证明所负债务用于婚后家庭共同生活的除外。"从以上规定可以看出，夫妻一方婚前所负债务属于个人债务，原则上债权人无权要求债务人配偶承担偿还责任，但如果该婚前债务用于婚后家庭共同生活，则个人债务将转化为共同债务，此时，债权人即可要求夫妻双方共同偿还。

法条指引

《中华人民共和国民法典》

第一千零六十三条 下列财产为夫妻一方的个人财产：

（一）一方的婚前财产；

（二）一方因受到人身损害获得的赔偿或者补偿；

（三）遗嘱或者赠与合同中确定只归一方的财产；

（四）一方专用的生活用品；

（五）其他应当归一方的财产。

《最高人民法院关于适用〈中华人民共和国民法典〉婚姻家庭编的解释（一）》

第三十一条 民法典第一千零六十三条规定为夫妻一方的个人财产，不因婚姻关系的延续而转化为夫妻共同财产。但当事人另有约定的除外。

第三十三条 债权人就一方婚前所负个人债务向债务人的配偶主张权利的，人民法院不予支持。但债权人能够证明所负债务用于婚后家庭共同生活的除外。

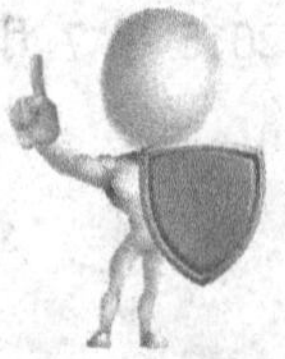

第五章
离婚损害赔偿

一、请求损害赔偿的常见问题

1. 请求离婚损害赔偿的法定情形有哪些？

案情简介

原、被告结婚三年，婚后未生育子女。婚后双方因性格不合经常发生争吵，之后双方均发现对方有出轨行为，导致夫妻感情彻底破裂，原告遂起诉至法院要求离婚。庭审中，被告同意离婚，但提出双方的矛盾主要是因为原告长期与他人出轨，故要求原告赔偿自己精神损失费 2 万元。

法院经审理查明，原、被告双方自结婚后经常争吵，后长期处于分居状态。原告在婚姻关系存续期间长期与婚外异性同居，之后原告也发现被告与他人出轨。法院认为，原、被告婚后未建立起真正的夫妻感情，经常分居生活，且均与他人有不正当两性关系，导致夫妻关系名存实亡，现原告要求离婚，被告表示同意，依法应予准许。鉴于原告与他人不以夫妻名义共同生活长达数月，其行为已构成有配偶者与他人同居，故对被告要求原告赔偿精神损失的主张，应予支持。原告虽主张被告也存在与他人同居的行为，但被告与他人仅有一两次出轨行为，尚不构成同居，故对原告的主张不予支持。最终法院判决：一、准予离婚；二、原告赔偿被告精神损害抚慰金 5000 元。

律师观点

《民法典》第一千零九十一条明确规定了以下四种无过错方可以请求损害赔偿的法定情形：重婚；与他人同居；实施家庭暴力；虐待、遗弃家庭成员。重婚，是指有配偶者再行结婚的行为。与他人同居，是指有配偶者与婚外异性，不以夫妻名义，持续、稳定地共同居住。家庭暴力，是指家庭成员之间以殴打、捆绑、残害、限制人身自由以及经常性谩骂、恐吓、冻饿、侮辱、诽谤、威胁、跟踪、骚扰等方式实施的身体、精神等侵害行为。虐待，是指持续性、经常性的家庭暴力。遗弃，是指家庭成员中负有赡养、扶养、抚养义务的成员对需要赡养、扶养和抚养的成员不履行行其应尽义务的行为。

只要配偶在婚姻关系存续期间存在以上任何违法情形之一，无过错方都可以在离婚时要求对方承担损害赔偿责任。但需要注意以下几点：第一，有权请求离婚损害赔偿的主体，应当是“无过错方”。如果夫妻双方各自都存在上述法定过错情形的，则不能请求损害赔偿。第二，无过错方只能向有过错的配偶一方主张损害赔偿责任，而不能向案外人，如“第三者”提出损害赔偿请求。

本案中，因原告存在与婚外异性同居的法定过错，故法院依据《民法典》第一千零九十一条的规定判决原告赔偿被告精神损害抚慰金。虽然被告也有出轨行为，同样违反了夫妻间的忠实义务，但其程度尚未达到“与他人同居”的程度，因此，本案被告仍然属于《民法典》上的“无过错方”。

需要注意的是，《民法典》第一千零九十一条第五项规定的“兜底”条款，即除上述四种法定情形外，如果配偶一方“有其他重大过错的”，无过错方同样有权请求损害赔偿。但目前法律并未明确，何为“其他重大过错”。因此，对于法院如何在个案中认定“其他重大过错”，尚有待相关法律规定进一步明确。

法条指引

《中华人民共和国民法典》

第一千零九十一条　有下列情形之一，导致离婚的，无过错方有权请求损害赔偿：

（一）重婚；

（二）与他人同居；

（三）实施家庭暴力；

（四）虐待、遗弃家庭成员；

（五）有其他重大过错。

2. 主张离婚损害赔偿，有哪些前提条件？

案情简介

原、被告系同事关系，经自由恋爱结婚，婚后生育一子。起初夫妻感情尚可。之后原告发现被告与他人的手机聊天内容极为暧昧，为此与被告争吵，后夫妻感情日渐冷淡。时间久了，双方不再交流，持续处于“冷战”状态，后来原告带着孩子与被告长期分居。分居数月后，原告以夫妻感情已经完全破裂为由向法院起诉要求离婚，并要求孩子由原告抚养，由被告承担抚养费，同时主张被告有出轨行为，要求被告赔偿精神损失费5万元。被告不同意离婚，并表示自己根本没有所谓的出轨行为，完全是原告的臆想。

法院经审理认为，原、被告系自由恋爱后结婚，婚前感情基础较好。双方结婚已十余年，且婚后生育一子，已经建立起较好的夫妻感情。双方产生纠纷的原因是缺少沟通、缺乏信任，现双方实际分居未满二年，被告当庭表示不存在过错，也不愿意离婚，说明夫妻感情尚未完全破裂，尚有和好可能，故原告要求离婚的诉讼请求，依据不足，依法不予支持。关于原告主张被告因婚内出轨应支付精神损失费5万元，依照《最高人民法院关于适用〈中华人民共和国民法典〉婚姻家庭编的解释（一）》第八十七条第二款“人民法院判决不准离婚的案件，对于当事人基于民法典第一千零九十一条提出的损害赔偿请求，不予支持”的规定，亦不予支持。最终法院判决：一、不准原告与被告离婚；二、驳回原告的其他诉讼请求。

律师观点

根据《最高人民法院关于适用〈中华人民共和国民法典〉婚姻家庭编的解释（一）》第八十七条的规定，法院判决支持一方基于《民法典》第一千零九十一条提出的损害赔偿请求，有一个大前提，那就是法院已经确认夫妻感情破裂，并准予双方离婚；如果法院认为夫妻感情尚未破裂，不准离婚的，则法院会在驳回原告要求离婚的诉讼请求时，对一方提出的损害赔偿请求一并予以驳回。

本案中，原告因发现被告与他人聊天暧昧后，怀疑被告有出轨行为，双方从一开始的“冷战”发展到分居，最后原告起诉要求离婚。但法院综合考虑双方分居不满二年，且被告不同意离婚等因素判决不准双方离婚，同时驳回了原告提出的损害赔偿请求。实际上，从本案案情分析，原告仅是掌握了被告与他人暧昧的手机聊天内容，怀疑被告有出轨行为，但并没有确实充分的证据证明被告已达到“与他人同居”的过错程度。因此，如果原告的证据不足以证明被告存在法定过错，即便法院判决准予双方离婚，也不会支持原告提出的损害赔偿请求。

法条指引

《中华人民共和国民法典》

第一千零九十一条 有下列情形之一，导致离婚的，无过错方有权请求损害赔偿：

（一）重婚；

（二）与他人同居；

（三）实施家庭暴力；

（四）虐待、遗弃家庭成员；

（五）有其他重大过错。

《最高人民法院关于适用〈中华人民共和国民法典〉婚姻家庭编的解释（一）》

第八十七条第二款 人民法院判决不准离婚的案件，对于当事人基于民法典第一千零九十一条提出的损害赔偿请求，不予支持。

3. 法院如何确定损害赔偿的数额？

案情简介

原告李某与被告关某系夫妻关系，婚后生育一子李某某。婚后双方感情一般，且由于被告对原告缺乏信任，经常因原告工作原因发生争吵，导致双方感情日渐疏远，孩子两岁多双方便分居生活。后原告以双方性格不合且已经分居为由起诉要求离婚。被告表示同意离婚，但提出双方离婚的真实原因是原告有“第三者”，并且已经构成同居，故提出李某某的抚养权由被告自己行使，同时要求原告赔偿精神损害抚慰金5万元。

庭审中，为证明原告存在过错，被告提交了原告与他人的微信聊天记录、电话录音以及亲密照片等证据予以证明。上述电话录音和聊天记录中，原告多次提到会尽快与被告解除婚姻关系，与他人另行结婚等表述。被告提交的多张照片均显示原告与一女性多次亲密合影。原告称与该异性只是朋友关系。法院认为，原、被告双方感情不和，均表示同意离婚，亦均同意李某某由被告关某进行抚养，故法院予以准许。根据《民法典》第一千零九十一条之规定，配偶与他人同居导致离婚的，无过错方有权请求损害赔偿。本案根据被告提交的录音、照片、微信聊天记录等证据，足以证明原告与他人同居的事实存在，被告要求精神损害赔偿的请求于法有据。但被告所主张的赔偿金额过高，法院酌情依法予以调整。

最终法院判决：一、准予原告李某与被告关某离婚；二、李某某由被告关某抚养，原告李某每月给付李某某抚养费 1500 元，直至李某某年满十八周岁止；三、原告李某给付被告关某精神损害抚慰金 15000 元，于判决生效之日起十日内履行。

律师观点

实践中，法院在确定损害赔偿的数额时，通常会根据案件中的具体过错情节，同时从过错方以及受害方的角度综合考虑后进行酌定，主要参考因素如下：第一，过错的程度。包括过错方实施过错的具体手段、方式、次数、持续时间等。以同居为例，有些过错方与婚外异性同居时间较短，有些则长达数月，有些甚至已经有了非婚生子女，法院在审理过程中会根据不同的情节程度认定过错程度。第二，过错方的认错态度。过错方事后的认错态度会直接影响受害方的心理和精神状态，如果过错方在事后积极认错，从客观上能够一定程度地降低受害方的痛苦；但如果过错方在事后不仅不认错，反而恶语相向，甚至将导致过错的责任推卸给受害方，将会对受害方造成二次伤害。第三，受害方的伤害程度。根据调查结果显示，面对同居行为、家庭暴力、虐待等过错，女性受到同等侵害时产生的精神痛苦往往会大于男性。第四，双方各自的经济能力。法院认定的赔偿数额既要体现对过错方的惩罚，又要适当弥补受害方的精神损失。因此，必须综合考虑双方各自的经济状况，既不能过高，也不能过低。第五，案件管辖地区的经济情况。以北京地区为例，近年来北京法院认定离婚一方当事人的损害赔偿金额大多在 5 万元以内，少数情节较为严重的情形在 10 万元左右，极少有赔偿金额超过 10 万元的判例。

本案中，被告虽然提交了充分证据证明原告确实存在与婚外异性同居的过错，但法院综合考虑案件各种因素后，认为被告提出的5万元赔偿金额过高，最后酌定仅支持了被告15000元的赔偿金额。

法条指引

《最高人民法院关于适用〈中华人民共和国民法典〉婚姻家庭编的解释（一）》

第八十六条 民法典第一千零九十一条规定的“损害赔偿”，包括物质损害赔偿和精神损害赔偿。涉及精神损害赔偿的，适用《最高人民法院关于确定民事侵权精神损害赔偿责任若干问题的解释》的有关规定。

《最高人民法院关于确定民事侵权精神损害赔偿责任若干问题的解释》

第五条 精神损害的赔偿数额根据以下因素确定：

（一）侵权人的过错程度，但是法律另有规定的除外；

（二）侵权行为的目的、方式、场合等具体情节；

（三）侵权行为所造成的后果；

（四）侵权人的获利情况；

（五）侵权人承担责任的经济能力；

（六）受理诉讼法院所在地的平均生活水平。

4. 离婚时，家庭暴力的受害方可以主张哪些损害赔偿？

案情简介

原告肖某与被告刘某系夫妻关系，婚后未生育子女。后双方经常因各种生活琐事发生争执，刘某有酗酒的不良嗜好，经常在喝醉后殴打肖某。一天，刘某醉酒后再次动手打人，肖某遂向法院起诉要求离婚。庭审中，刘某向肖某道歉，并保证一定戒酒，经法院调解后，双方和好，肖某撤回了起诉。但刘某并未改正，不久后又再次醉酒将肖某打伤，并砸坏家中手机等财物若干。于是肖某再次向法院起诉，表示坚决要求离婚，并要求刘某赔偿医疗费、交通费、误工费、财产损失以及精神损失等。

庭审中，被告刘某认可将原告肖某打伤的事实，对肖某提出的医疗费、财产损失等有票据的费用予以认可，对肖某不能提供票据的损失则不予认可。法院经审理后认为，原告肖某曾向法院起诉离婚，后撤诉。现原告以被告存在家庭暴力为由再次起诉，被告亦认可家暴事实，说明夫妻双方的感情确已破裂，故法院准予双方离婚。对被告殴打原告所造成的医疗费用及相关财产损失，应予支持，具体数额由法院根据相关证据酌定，原告肖某因此提出的精神损害抚慰金于法有据。

最终法院判决：一、准予原告肖某与被告刘某离婚；二、被告刘某赔偿原告肖某医疗费、误工费、交通费、财产损失、精神损害抚慰金共计17000元，于判决生效后十日内给付。

律师观点

根据《最高人民法院关于适用〈中华人民共和国民法典〉婚姻家庭编的解释（一）》第八十六条的规定，配偶一方实施家庭暴力的，离婚时无过错方可以主张的“损害赔偿”包括物质损害赔偿和精神损害赔偿。涉及精神损害赔偿的，适用《最高人民法院关于确定民事侵权精神损害赔偿责任若干问题的解释》的有关规定。同时，因家暴行为受伤的无过错方所实际产生的医疗费、误工费、交通费、财产损失等物质方面的损失均可以要求过错方进行赔偿。

从上述司法解释可以看出，家庭暴力的无过错方在离婚时可以要求过错方同时承担物质和精神两方面的损害赔偿责任。实践中，很多无过错方在主张损害赔偿责任时，经常会忽略实际发生的物质损失，而所提出的精神损害赔偿往往因过高而不被法院支持。本案中，原告作为无过错方，对过错方造成的物质损失提出了相关证据，最终法院判决支持了原告关于物质损害赔偿和精神损害赔偿两方面的主张。

法条指引

《最高人民法院关于适用〈中华人民共和国民法典〉婚姻家庭编的解释（一）》

第八十六条 民法典第一千零九十一条规定的“损害赔偿”，包括物质损害赔偿和精神损害赔偿。涉及精神损害赔偿的，适用《最高人民法院关于确定民事侵权精神损害赔偿责任若干问题的解释》的有关规定。

5. 离婚时，能否要求家庭暴力过错方以书面形式赔礼道歉？

案情简介

原、被告通过某婚恋网站相识，短暂恋爱后便登记结婚。因认识时间较短，相互之间了解不够，双方婚后经常出现摩擦与争吵，长期的争吵最终导致了夫妻感情的破裂，原告曾以离婚纠纷为由诉至法院，法院判决驳回了原告的诉讼请求，因双方关系并无改善，原告再次诉至法院请求判令原、被告离婚。

庭审中，被告表示同意离婚，但认为夫妻感情破裂的主要原因在于原告，原告在婚姻关系存续期间存在家庭暴力行为，经常对被告进行殴打、谩骂，要求原告对被告进行书面赔礼道歉。法院经审理后认为，原、被告结婚后因家庭琐事发生矛盾致使夫妻感情破裂，现原告要求离婚，被告同意离婚，应予准许。关于被告要求原告以书面形式赔礼道歉的诉讼请求，因被告提交的证据不能证明原告对被告造成了严重精神损害，故对被告该项诉讼请求不予支持。最终法院判决准予原、被告离婚，但驳回了被告要求原告以书面形式赔礼道歉的诉讼请求。

律师观点

根据《民法典》的规定，承担民事责任的方式包括停止侵害、赔偿损失、消除影响、恢复名誉、赔礼道歉等。如果侵害自然人人身权益造成严重精神损害的，被侵权人有权请求精神损害赔偿。从上述规定来看，家庭暴力的受害方在离婚时应该是可以提出赔礼道歉这个请求的。

但是，在目前的司法实践中，法院审理离婚案件时通常不会直接判决要求家庭暴力的过错方赔礼道歉。对此，理论界有观点指出，如果法院认为其他法律责任已经足以弥补受害方的精神损害，则不必判决赔礼道歉。比如，通常法院会判决家暴方以给付精神损害抚慰金的形式对受害方进行赔偿。但作者在代理案件的过程中发现，很多家庭暴力的受害方对于精神损害抚慰金的具体数额并不特别在意，相反，他们更希望家暴方能够就家暴行为给自己造成的伤害作出道歉，表示悔悟，有些当事人则明确要求家暴方必须以书面形式赔礼道歉。对此，作者认为，赔礼道歉更深层的意义在于弥补受害方在精神上受到的损害。法院应当根据案件的具体情况判断是否支持受害方所提出的赔礼道歉请求。

法条指引

《中华人民共和国民法典》

第一百七十九条　承担民事责任的方式主要有：

（一）停止侵害；

……

（八）赔偿损失；

……

（十）消除影响、恢复名誉；

（十一）赔礼道歉。

……

本条规定的承担民事责任的方式，可以单独适用，也可以合并适用。

二、过错证据的收集

6. 遭遇家庭暴力时应收集哪些证据？

案情简介

原、被告通过网络相识，恋爱后结婚，并生育一子。由于双方婚前缺乏了解，感情基础薄弱，在学识、家庭背景等方面差距较大，婚后不断产生矛盾。后原告向法院起诉要求离婚，法院认定双方夫妻感情尚未破裂，判决驳回了原告的诉讼请求。后原告再次起诉要求离婚。

庭审中，被告表示同意离婚，但要求由自己抚养孩子，由原告支付抚养费。同时被告提出，原告第一次起诉离婚未果后，曾在一次争吵中动手打伤被告，被告为此报过警，并于几天后到医院进行过检查，故要求法院认定原告存在家庭暴力，并依法赔偿被告精神损害赔偿金2万元。法院认为，婚姻应以感情为基础，本案原、被告感情确已破裂，没有和好可能，故准予双方离婚。因双方均同意由被告抚养孩子，故从有利于子女健康成长的角度，宜判决孩子由被告抚养，原告每月支付抚养费1500元，至孩子年满十八周岁。关于被告提出的精神损害赔偿问题，被告主张原告曾对其实施家庭暴力，但被告所提交的出警记录与医院诊断证明的出具时间不一致，缺乏关联性，故被告提交的证据不足以证明原告存在家庭暴力行为。最终法院判决驳回了被告主张精神损害赔偿金的诉讼请求。

律师观点

根据调查显示，家庭暴力行为通常呈现周期性，加害方往往屡教不改。因此，受害方应当在保护好自身安全的情况下留存相关证据。那么，哪些证据能够认定家暴事实的存在呢？对此，《反家庭暴力法》及《最高人民法院关于办理人身安全保护令案件适用法律若干问题的规定》作出了不同程度的列举性规定。在司法实践中，公安机关的记录以及伤情鉴定对于法院认定家暴事实的存在起着至关重要的作用。但是需要注意的是，作为受害方，一旦遭遇家暴，需要在第一时间向警方报警求助，并要求警方制作询问笔录，将家暴发生的全部事实经过进行书面记录。同时，可要求警方协助对受伤情况进行伤情鉴定，进一步固定证据。很多当事人由于在遭遇家暴后未及时报案，缺少收集和固定证据的意识，最终影响对家暴事实的认定。

实践中，除公安机关的讯问、询问笔录，医疗机构的诊断证明等证据外，常见的能够证明家暴事实存在的证据主要有以下几种：第一，加害方在实施家暴后向受害方出具的承诺书、悔过书等。该类书证能够直接有效地反映出加害方曾经实施过家暴行为，属于认定家暴事实存在的直接证据。第二，家人及邻居出具的证言。如果家暴发生时有家人在现场或者有邻居听到双方有争吵、打骂的声音等，并且愿意出庭作证的，也具有较高的证明力。第三，视听资料。如果受害方保存了家暴发生或者解决过程中的录音、录像等视听资料，也可以作为证据使用。但要注意，录音证据相对于其他证据而言，证明力较低。因此，除录音证据外，通常还需要有其他证据辅助，共同证明家暴事实的存在。

本案中，虽然被告主张原告存在家暴行为，并向法院提交了出警记录以及医院的诊断证明，但因上述证据在时间上缺乏关联性，法院最终没有认定家暴事实，并驳回了被告主张精神损害赔偿金的诉讼请求。

法条指引

《中华人民共和国反家庭暴力法》

第二十条　人民法院审理涉及家庭暴力的案件，可以根据公安机关出警记录、告诫书、伤情鉴定意见等证据，认定家庭暴力事实。

《最高人民法院关于办理人身安全保护令案件适用法律若干问题的规定》

第六条　人身安全保护令案件中，人民法院根据相关证据，认为申请人遭受家庭暴力或者面临家庭暴力现实危险的事实存在较大可能性的，可以依法作出人身安全保护令。

前款所称“相关证据”包括：

（一）当事人的陈述；

（二）公安机关出具的家庭暴力告诫书、行政处罚决定书；

（三）公安机关的出警记录、讯问笔录、询问笔录、接警记录、报警回执等；

（四）被申请人曾出具的悔过书或者保证书等；

（五）记录家庭暴力发生或者解决过程等的视听资料；

（六）被申请人与申请人或者其近亲属之间的电话录音、短信、即时通讯信息、电子邮件等；

（七）医疗机构的诊疗记录；

（八）申请人或者被申请人所在单位、民政部门、居民委员会、村民委员会、妇女联合会、残疾人联合会、未成年人保护组织、依法设立的老年人组织、救助管理机构、反家暴社会公益机构等单位收到投诉、反映或者求助的记录；

（九）未成年子女提供的与其年龄、智力相适应的证言或者亲友、邻居等其他证人证言；

（十）伤情鉴定意见；

（十一）其他能够证明申请人遭受家庭暴力或者面临家庭暴力现实危险的证据。

7. 如何申请人身安全保护令？

案情简介

申请人与被申请人系夫妻关系，双方因感情破裂开始分居生活，被申请人从申请人的住所处搬出。后申请人向法院起诉要求与被申请人离婚，并依法分割夫妻共同财产。在申请人起诉后，被申请人多次到申请人的住所以砸门、堵锁眼等方式骚扰、恐吓申请人，给申请人的人身安全造成了严重威胁，故申请人于离婚诉讼期间向法院申请出具人身安全保护令，要求禁止被申请人骚扰、跟踪申请人，并禁止被申请人采取暴力手段威胁申请人的人身安全。

法院受理案件后调取了申请人住所地附近派出所的出警记录，证明因被申请人的暴力行为，申请人曾多次向警方报警求助。同时，法院还调取了申请人所在小区物业公司的小区和单元楼内电梯监控录像，证明被申请人确实在离婚诉讼期间多次到申请人住所破坏房屋门锁、骚扰申请人。因此，法院认定申请人确实面临遭受被申请人骚扰、威胁的现实危险。最终法院裁定：一、禁止被申请人骚扰、跟踪申请人；二、禁止被申请人采取暴力手段威胁申请人的人身安全。

律师观点

人身安全保护令是一种民事强制措施，是人民法院为了保护家庭暴力的受害者的人身安全而作出的民事裁定。根据《反家庭暴力法》的规定，当事人因遭受家庭暴力或者面临家庭暴力的现实危险，可以向法院申请人身安全保护令。申请应当以书面形式提出，书面申请确有困难的，可以口头申请，由人民法院记入笔录。申请人可以自行选择向申请人居住地、被申请人居住地或家庭暴力发生地法院提出申请。申请书中必须有明确的被申请人、具体的请求，并且有遭受家庭暴力或者面临家庭暴力现实危险的情形。人身安全保护令包括以下几种措施：禁止被申请人实施家庭暴力；禁止被申请人骚扰、跟踪、接触申请人及其相关近亲属；责令被申请人迁出申请人住所；保护申请人人身安全的其他措施。实践中，法院在多数情况下会裁定作出前两项“禁止令”，即禁止被申请人实施某种行为。如被申请人违反人身安全保护令，法院将根据情节轻重程度对其进行训诫、罚款或拘留。构成犯罪的，还应当依法承担刑事责任。在此特别提示，根据司法解释的规定，当事人向法院申请人身安全保护令，并不以提起离婚等民事诉讼为条件。

本案中，双方的离婚案件已经在法院审理过程中，被申请人多次到申请人的住所进行恐吓、骚扰，已经严重威胁到了申请人的人身安全，法院调查后，依法对被申请人作出了相应的禁止性措施。

法条指引

《中华人民共和国反家庭暴力法》

第二十五条 人身安全保护令案件由申请人或者被申请人居住地、家庭暴力发生地的基层人民法院管辖。

第二十九条 人身安全保护令可以包括下列措施：

（一）禁止被申请人实施家庭暴力；

（二）禁止被申请人骚扰、跟踪、接触申请人及其相关近亲属；

（三）责令被申请人迁出申请人住所；

（四）保护申请人人身安全的其他措施。

《最高人民法院关于办理人身安全保护令案件适用法律若干问题的规定》

第一条 当事人因遭受家庭暴力或者面临家庭暴力的现实危险，依照反家庭暴力法向人民法院申请人身安全保护令的，人民法院应当受理。

向人民法院申请人身安全保护令，不以提起离婚等民事诉讼为条件。

8. 法院出具了人身安全保护令，是否等于认定家暴事实存在？

案情简介

原告张某与被告王某相识、恋爱两年后登记结婚，婚后未生育子女。后双方常因琐事发生争执，影响了夫妻感情。一次，双方因琐事再次争执并发生了肢体冲突，被告王某主张原告张某存在家暴行为，于是向法院申请了人身安全保护令，法院作出裁定，禁止原告张某对被告王某实施家庭暴力。不久后原告张某向法院起诉要求离婚。

庭审中，被告同意离婚，并提出同意离婚是因为原告存在家暴行为。原告认可双方经常发生争吵，但称其从未对被告实施过家庭暴力。法院认为，原告张某与被告王某系自由恋爱一年多后登记结婚，双方婚前有一定的感情基础。但双方在婚后发生矛盾时未能及时有效地沟通解决，导致夫妻感情破裂，现双方均要求离婚，依法应予准许。关于被告主张原告存在家庭暴力的问题，被告在本案中仅提交了向法院申请的人身安全保护裁定，但该保护令是为了预防和制止今后不出现家庭暴力的情形，并未认定之前原告确实存在家庭暴力行为，故法院对被告仅以人身安全保护令为依据，要求原告支付精神损失费的主张不予支持。法院最终判决：一、准予原告张某与被告王某离婚；二、驳回被告王某的其他诉讼请求。

律师观点

自2016年《反家庭暴力法》实施后，向法院申请人身安全保护令的当事人数量逐年增多，在一定程度上限制并震慑了加害方，有效地保护了受害方的人身安全。根据《反家庭暴力法》第二十三条第一款的规定："当事人因遭受家庭暴力或者面临家庭暴力的现实危险，向人民法院申请人身安全保护令的，人民法院应当受理。"从该规定可以看出，法院作出人身安全保护令的主要目的，一方面是制止家庭暴力行为，另一方面则是起到预防家庭暴力的作用，但法院作出裁定并不意味着家庭暴力现实存在。对此，《最高人民法院关于办理人身安全保护令案件适用法律若干问题的规定》第九条明确规定："离婚等案件中，当事人仅以人民法院曾作出人身安全保护令为由，主张存在家庭暴力事实的，人民法院应当根据《最高人民法院关于适用〈中华人民共和国民事诉讼法〉的解释》第一百零八条的规定，综合认定是否存在该事实。”该项规定正是考虑到，如果将法院作出的人身安全保护令直接等同于家庭暴力现实存在，则会导致法院在作出保护令前实质性地审查家暴行为是否存在，而这将会加重申请人的举证责任。更重要的是，法院如果不能准确认定家庭暴力事实存在，也就无法及时作出人身安全保护令，最终可能使那些确实面临家庭暴力危险的申请人不能及时得到人身安全保护令的保护，这显然与立法本意相悖。

实践中，有些离婚当事人试图以法院作出的人身安全保护令为依据，要求法院据此直接认定家暴行为的存在，但却没有得到法院的支持。本案情形即是如此，虽然被告在诉讼过程中向法院申请并取得了人身安全保护令，但庭审中被告并未向法院提交其他证据证明原告曾经实施过暴力行为，最终法院以证据不足为由，没有认定原告存在家暴行为。从本案可以看出，法院作出人身安全保护令，并不等同于认定家暴事实存在，受害方仍然要向法院提交相关证据证明家暴事实确实存在。如果将法院作出人身安全保护令等同于家庭暴力现实存在，则会导致法院在作出人身安全保护令前实质性地审查家暴行为是否存在，从而加大申请人的举证责任。如果法院无法准确认定家庭暴力事实存在，就不敢作出人身安全保护令，将使那些确实面临家庭暴力危险的申请人不能及时得到人身安全保护令的保护，这显然与立法本意相悖。

实践中，有部分离婚当事人，在诉讼中试图以法院作出的人身安全保护令作为依据，使法院相信家暴行为的存在，但却没有得到法院的支持。本案情形即是如此，虽然被告在诉讼过程中向法院申请取得了人身安全保护令，但庭审中被告并未向法院提交其他证据证明原告曾经实施过家庭暴力，最终法院以证据不足为由，没有认定家庭暴力事实存在。由此也可看出，法院作出人身安全保护令，并不意味着对家暴事实的认定，受害方仍然要向法院提交相关证据证明家庭暴力事实的存在。

法条指引

《中华人民共和国反家庭暴力法》

第二十三条　当事人因遭受家庭暴力或者面临家庭暴力的现实危险，向人民法院申请人身安全保护令的，人民法院应当受理。

当事人是无民事行为能力人、限制民事行为能力人，或者因受到强制、威吓等原因无法申请人身安全保护令的，其近亲属、公安机关、妇女联合会、居民委员会、村民委员会、救助管理机构可以代为申请。

《最高人民法院关于办理人身安全保护令案件适用法律若干问题的规定》

第九条 离婚等案件中，当事人仅以人民法院曾作出人身安全保护令为由，主张存在家庭暴力事实的，人民法院应当根据《最高人民法院关于适用〈中华人民共和国民事诉讼法〉的解释》第一百零八条的规定，综合认定是否存在该事实。

《最高人民法院关于适用〈中华人民共和国民事诉讼法〉的解释》

第一百零八条 对负有举证证明责任的当事人提供的证据，人民法院经审查并结合相关事实，确信待证事实的存在具有高度可能性的，应当认定该事实存在。

对一方当事人为反驳负有举证证明责任的当事人所主张事实而提供的证据，人民法院经审查并结合相关事实，认为待证事实真伪不明的，应当认定该事实不存在。

法律对于待证事实所应达到的证明标准另有规定的，从其规定。

9. 涉及家庭暴力的离婚案件，应当由谁承担举证责任？

案情简介

原、被告经人介绍认识，结婚后生育一子。婚后共同生活期间，被告多次对原告实施家庭暴力，将原告打伤。原告曾向法院起诉要求与被告离婚，后因被告向原告保证今后不再动手打人，双方重归于好，原告撤回了起诉。但不久后被告再次殴打原告，原告报警，经鉴定为轻微伤。至此，原告认为被告存在严重的暴力倾向，已经无法再与其共同生活，故再次向法院起诉要求离婚，并主张孩子由自己抚养，由被告承担抚养费，同时要求被告赔偿精神损害抚慰金5万元。

庭审中，被告表示同意离婚，也同意由原告抚养孩子，但否认家暴事实，称其虽动手打过原告，但原告也同样动手打了被告，属于双方的互殴行为，不应认定为家庭暴力。法院经审理后认为，导致双方夫妻感情破裂的主要原因系被告多次对原告实施家庭暴力，现原、被告均同意离婚，应予准许。双方一致同意孩子由原告抚养，抚养费的金额将结合当地生活消费水平以及孩子的日常生活需要综合确定。因被告对原告实施家庭暴力，并致原告轻微伤，故原告要求被告赔偿精神损害抚慰金的请求于法有据，但原告主张的金额过高，法院酌情予以确定。最终法院判决：一、准予原告与被告离婚；二、孩子由原告抚养，被告每月给付抚养费1500元，至孩子年满十八周岁止；三、被告赔偿原告精神损害抚慰金2万元。

律师观点

根据民事诉讼“谁主张，谁举证”原则，离婚案件中家暴事实是否存在的举证义务应由主张家暴事实存在的一方承担。

实践中，受害方在遭受家暴时往往因缺乏取证意识等原因，不能及时有效地固定、收集相关家暴证据，如果在诉讼中对受害方的举证义务要求过高，显然不利于维护受害方的权益。对此，有观点认为，法院在审理涉及家庭暴力的离婚案件时，应当根据案件的具体特点和规律，合理地分配原、被告双方的举证责任。对于家庭暴力行为的事实认定，应当根据逻辑推理、日常生活经验法则作出判断。如果原告提供的证据能够证明自己受侵害的事实以及伤害后果确实存在，并且指认是被告造成的。比如，在原告已经提出有关病历、照片、派出所笔录等证据时，举证责任就应当转移给被告。此时，就应要求被告举出相反证据证明原告的伤害后果并非其实施家暴所致，如果被告仅否认伤害后果是自己造成的，但没有提供相反的证据进行证明，则法院就可以推断家庭暴力行为的存在。

法条指引

《中华人民共和国民事诉讼法》

第六十七条第一款　当事人对自己提出的主张，有责任提供证据。

《最高人民法院关于适用〈中华人民共和国民事诉讼法〉的解释》

第九十条　当事人对自己提出的诉讼请求所依据的事实或者反驳对方诉讼请求所依据的事实，应当提供证据加以证明，但法律另有规定的除外。

在作出判决前，当事人未能提供证据或者证据不足以证明其事实主张的，由负有举证证明责任的当事人承担不利的后果。

10. 常见的婚外情证据有哪些？

案情简介

原、被告系夫妻关系，婚后生育一女。婚后初期双方感情尚可，但孩子出生之后，双方经常因琐事发生争吵。被告常以加班、应酬等事由很晚才回家，一次被告醉酒后，原告查看被告的手机发现，被告与一女子有多张亲密合影。次日，双方为此事再次发生争吵。原告起诉至法院，要求与被告离婚，由原告抚养女儿，并且要求被告支付精神损害抚慰金5万元。

法院经审理查明，原、被告系自由恋爱结婚，有一定的感情基础。现原告起诉要求与被告离婚，被告同意离婚。双方均提出要求抚养孩子，考虑到孩子尚不满两周岁，从孩子的身心健康成长考虑，由母亲抚养为宜。原告主张被告存在婚外情，并提供了被告与婚外异性的亲密合影照片作为证据，被告认为该证据系原告趁自己醉酒时取得，取证形式不合法，且认为只是与婚外异性的正常合影，不构成与他人同居的严重情形。

法院最终判决双方离婚，孩子由原告抚养，被告按月给付抚养费。但对于原告主张被告存在婚外情，并要求被告支付精神损害抚慰金的诉请，法院认为现有证据并不足以证明被告存在法律规定的“有配偶者与他人同居”情形，因此驳回了原告提出的损害赔偿请求。

律师观点

根据《民法典》第一千零九十一条的规定，配偶与他人同居并导致离婚的，无过错方有权请求损害赔偿。很多离婚案件中，都存在当事人指责另一方在婚姻关系存续期间有婚外情，并以此主张对方应当赔偿一定的精神损害抚慰金的情形。所谓的婚外情，本质上属于对婚姻不忠实的行为，但《民法典》明确规定，只有当配偶存在“与他人同居”情形时，无过错方提出的损害赔偿请求才能被法院支持。

实践中，很多当事人虽然察觉到配偶一方有婚外情，但是不知道如何收集相关证据。一方面，此类证据的收集因为涉及他人隐私，确实存在一定难度。另一方面，即便收集到初步的证据，但可能并不足以证明配偶与他人同居。因此，对于婚外情证据的收集，应当在生活中注意细节，并尽可能从多方面着手，以便形成较为完整的证据链。关于婚外情的常见证据有以下几种：（1）配偶自认存在婚外情的证据。比如，过错方在婚外情被发现后，主动认错出具的承诺书、保证书等书面证据。该类证据是最为直接、有效的证据。（2）视频。显示配偶与“第三者”发生不正当关系的视频。（3）录音。夫妻双方在日常谈话中涉及配偶与“第三者”关系发展程度的录音。（4）照片。能够直接反映配偶与“第三者”存在亲密关系的照片文件。（5）聊天记录。配偶与“第三者”之间的短信、微信聊天记录，或者夫妻双方关于第三者问题的聊天记录。（6）证人证言。家人、朋友或者邻居证明配偶与“第三者”存在亲密关系的证人证言。

本案中，原告仅提供了被告与他人的亲密照片作为证据，客观上不足以证明被告存在与他人同居的法定过错，因此法院没有支持原告主张的损害赔偿请求。需要注意的是，在收集婚外情相关证据时，不能侵犯他人的合法权益。比如，有的当事人为了取得"捉奸在床"的证据，擅自闯入他人的住宅进行拍照取证；还有的当事人通过各种非法手段取得配偶与他人的开房记录等。如果调查取证的行为本身就已违法，则不仅取得的证据会因为不具备合法性而不被法院采信，还可能会因非法调查行为而承担侵权或其他法律责任。

法条指引

《中华人民共和国民法典》

第一千零四十三条　家庭应当树立优良家风，弘扬家庭美德，重视家庭文明建设。

夫妻应当互相忠实，互相尊重，互相关爱；家庭成员应当敬老爱幼，互相帮助，维护平等、和睦、文明的婚姻家庭关系。

第一千零九十一条　有下列情形之一，导致离婚的，无过错方有权请求损害赔偿：

（一）重婚；

（二）与他人同居；

……

11. 未经对方同意，偷录的录音能否作为证据使用？

案情简介

原告刘某与被告万某系自由恋爱结婚，婚后双方无子女。婚后初期双方感情较好。后被告万某发现原告刘某与他人的微信聊天极为暧昧，在万某的质问下，刘某承认了与他人有婚外情的事实，双方因此发生矛盾后分居。后原告刘某向法院起诉要求离婚，但被告表示不同意离婚，法院认定双方夫妻感情尚未破裂，驳回了原告刘某的诉讼请求。

半年后，刘某再次起诉离婚，并要求依法分割夫妻共同财产。被告万某表示同意离婚，但主张刘某在婚姻关系存续期间与他人同居，要求刘某赔偿精神损失20万元。庭审中，被告万某提交了原、被告之间的微信聊天记录、谈话录音等证据，证明在双方分居期间，刘某曾多次与万某协商离婚事宜，协商过程中刘某认可已与婚外异性同居生活，并表示如万某同意协议离婚，则愿意给万某一定的经济补偿，万某对上述谈话过程进行了全程录音。后双方协议离婚不成，刘某这才再次起诉。

法院认为，原告刘某曾于半年前起诉要求离婚，法院判决不准离婚后，原、被告双方的夫妻关系仍未改善，现刘某再次起诉要求离婚，被告万某表示同意离婚，可见双方的夫妻感情已经破裂，故准予双方离婚。现被告万某提交的微信聊天记录以及录音等证据相互佐证，足以证明原告刘某在婚姻关系存续期间与婚外异性同居生活，故可认定原告违反了夫妻之间的忠诚义务，对于被告万某要求原告刘某赔偿其精神损失的诉讼请求，应予以支持。关于精神损害抚慰金的具体数额，法院根据本案查明的相关事实予以酌定。最终法院判决：准许原告刘某与被告万某离婚；夫妻共同财产依法分割；原告刘某给付被告万某精神损害抚慰金 3 万元。

律师观点

录音证据，在民事诉讼证据种类中属于视听资料。根据《最高人民法院关于民事诉讼证据的若干规定》的相关规定，当事人以视听资料作为证据的，应当提供存储该视听资料的原始载体。但存有疑点的视听资料不能单独作为认定案件事实的根据。结合司法实践经验，我们认为，录音证据应当符合以下条件，才能具有法律上的证明力：第一，必须提供录音证据的原始载体。无论是用手机，还是用录音笔等工具进行录音的，在法庭上作为证据提交时都应当同时提交该录音载体。第二，录音证据的取得方式必须合法。在取得录音的过程中，不得采用暴力、威胁等非法手段，不得侵害他人的合法权利，录音中所表达的内容必须是当事人自由意志下的真实意思表示。第三，录音证据不能存在疑点。必须保证录音的内容真实、完整，不得对录音文件进行人为地编辑、篡改。对于有疑点的录音证据，则必须有其他证据予以佐证。实践中，只有符合以上条件的录音证据，通常才会被法院采信。

另外，关于偷录录音的问题，法律并未规定偷录的录音不能作为证据使用。因此，如果偷录的录音符合上述条件，同样可以作为证据使用。但要注意的是，即便是偷录录音，也不得侵犯他人的隐私权，更不得采用窃听的方式进行录音。比如，在他人住所安装窃听设备取得录音属于违法行为，取得的录音将不得作为证据使用。

本案中，原、被告双方曾经就离婚问题进行协商，协商过程中，原告承认了自己出轨并与他人同居的事实，被告进行了全程录音，庭审中被告还提交了与原告的微信聊天记录等证据，最终法院认可了录音证据的效力，并支持了被告主张精神损害抚慰金的诉讼请求。

法条指引

《最高人民法院关于民事诉讼证据的若干规定》

第十五条第一款　当事人以视听资料作为证据的，应当提供存储该视听资料的原始载体。

第九十条　下列证据不能单独作为认定案件事实的根据：

……

（四）存有疑点的视听资料、电子数据；

……

三、经济补偿与帮助

12. 什么情况下可以要求对方给予经济补偿？

案情简介

原告与被告经人介绍相识，恋爱不久后登记结婚，婚后生有一女。由于双方感情基础较差，婚后感情不和，孩子出生不久后双方便分居生活，孩子一直跟随被告以及被告的父母共同生活。后原告向法院起诉要求离婚，法院判决驳回了原告的诉讼请求。此后双方感情仍无好转，半年后，原告再次起诉要求离婚。

庭审中，被告表示不同意离婚，称原告提出离婚的真实原因是原告早已有了外遇，但被告没有证据证明。同时被告提出，双方分居期间，孩子一直由被告独自抚养，被告在抚养孩子方面付出较多，原告从未尽过一个父亲对孩子应尽的义务，故被告不同意离婚。如果法院判决双方离婚，被告要求原告一次性支付经济补偿10万元。原告认为被告提出的经济补偿请求没有事实和法律依据，不同意支付。

法院经审理认为，夫妻感情是夫妻关系存续的基础，原告与被告因感情不和分居，且原告已经第二次向法院起诉要求离婚，证明双方夫妻感情已经破裂，故对原告要求离婚的请求应予准许。孩子长期以来由被告自行抚养，从有利于孩子健康成长的角度，双方离婚后孩子应跟随被告共同生活，由原告支付抚养费，具体的抚养费数额，法院根据原告的实际收入情况及孩子的日常生活需要酌定。对于被告提出双方分居期间被告对孩子付出的抚养义务较多，故要求原告支付经济补偿的请求，综合考虑到双方的分居时间、孩子的实际抚养情况等因素，被告的主张缺乏事实及法律依据。最终法院判决：一、准予原、被告双方离婚；二、孩子随被告共同生活，原告每月给付抚养费 2000 元，至孩子年满十八周岁止；三、驳回被告提出的其他诉讼请求。

律师观点

夫妻离婚时，一方要求对方给予经济补偿的，必须同时符合以下条件：第一，有权提出经济补偿请求的主体，必须是因抚育子女、照料老年人、协助另一方工作等负担较多义务的一方。无论是抚育子女、照料老年人，还是协助另一方工作，都需要付出相当的精力，如果其中一方对上述家庭义务付出了较多的精力，实际上是为了整个家庭放弃自己的事业去成全另一方的事业。因此，在离婚时，该方有权要求经济补偿。第二，夫妻一方提出经济补偿的请求，必须以双方离婚为前提，并且在离婚时一并提出。对于离婚后另行提出经济补偿请求的，法院将不予受理。

本案中，被告主张其在夫妻双方分居期间抚养孩子付出较多，原告对孩子未尽抚养义务，并以此要求原告支付经济补偿。但法院综合考虑双方的分居时间、孩子的实际抚养情况等因素，最终没有支持被告提出的经济补偿请求。

实际上，本案被告的诉讼策略欠妥。我们认为，被告完全可以增加一项诉讼请求，即“要求原告支付分居期间的子女抚养费”。司法实践中，对于夫妻双方在分居期间，子女由一方抚养而实际产生的抚养费，一方明确将其作为诉讼请求提出的，法院通常会考虑一并处理。具体法律依据参见前文关于“离婚时能要求对方支付分居期间的抚养费吗”的法律分析。

法条指引

《中华人民共和国民法典》

第一千零八十八条 夫妻一方因抚育子女、照料老年人、协助另一方工作等负担较多义务的，离婚时有权向另一方请求补偿，另一方应当给予补偿。具体办法由双方协议；协议不成的，由人民法院判决。

13. 法律对于生活困难的一方有何救济措施？

案情简介

原、被告结婚三年多，婚后无子女，亦无共同财产。婚后被告缺乏上进心，每天下班回家后就上网打游戏，原告系某公司职工，月收入不高。因被告缺乏上进心，双方经常为此发生争吵。原告因无法继续忍受目前的生活现状，向法院起诉要求离婚，并要求分割被告名下位于北京市昌平区的房屋，同时要求被告给付原告经济帮助款10万元。

庭审时，被告表示同意离婚，但提出位于北京市昌平区的房屋系其婚前父母出资购买，属于其婚前个人财产，不应作为夫妻共同财产分割。对于原告提出的经济帮助问题，被告认为原告有稳定的工作收入，且被告自己的收入并不高，故不同意给付原告经济帮助款。

法院经审理认为，婚姻应以感情为基础，原告与被告婚后缺少良好的沟通交流，现原告以夫妻感情确已破裂为由诉至法院要求离婚，被告亦表示同意离婚，故应予准许。关于被告名下位于北京市昌平区的房屋，因该房屋系被告于婚前购买，属于被告婚前个人财产，应归被告个人所有。原告主张要求分割该房屋的请求，缺乏事实和法律依据。但考虑到原告名下没有住房，属于生活困难的一方，故被告应给予原告适当的经济帮助，具体数额由法院予以酌定。最终法院判决：一、准予原告与被告离婚；二、被告于判决生效后十日内给付原告经济帮助款人民币2万元。

律师观点

根据《民法典》第一千零九十条的规定，离婚时，如果一方生活困难，有负担能力的另一方应当给予适当帮助。这里的适当帮助，既可以体现为金钱给付，也可以通过提供住房等形式实现。实践中，经常遇到夫妻双方在离婚时，一方名下既没有住房，也没有正式稳定的工作，缺少生活来源。此时，如该方确实“生活困难”，则可以要求另一方以个人财产对其进行帮助，比如要求该方提供一段时间的房屋居住使用权。在司法实践当中，“生活困难”是指依靠个人财产和离婚时分得的财产无法维持当地基本生活水平。比如，一方离婚后没有住处的，就属于生活困难。

因此，离婚时一方如欲主张经济帮助，必须同时满足以下几个条件：第一，一方必须确实属于生活困难，即依靠个人财产和离婚时分得的财产无法维持当地基本生活水平或离婚后没有住处。第二，必须是在离婚时生活困难，并明确向法院提出经济帮助的请求。如果当事人在离婚时不符合生活困难的情形，或者在离婚时没有明确向法院提出经济帮助请求，则不能得到法院的支持。第三，另一方必须具有提供经济帮助的经济能力。如果双方离婚时，虽然一方确实生活困难，但另一方并不具备提供经济帮助的能力，则法院不能强制要求另一方必须提供经济帮助。

本案中，原告在离婚时没有住房，属于生活困难。相比之下，被告名下不仅有住房，亦有稳定工作，故法院综合对比双方的实际经济情况，适当支持了原告提出的经济帮助请求。

法条指引

《中华人民共和国民法典》

第一千零九十条 离婚时，如果一方生活困难，有负担能力的另一方应当给予适当帮助。具体办法由双方协议；协议不成的，由人民法院判决。

第六章

离婚后纠纷

1. 离婚后发现还有未分割的夫妻共同财产，还能要求分割吗？

案情简介

原、被告原系夫妻关系，婚后未生育子女，双方感情破裂后以协议方式登记离婚。双方在离婚协议中约定："婚姻关系存续期间无夫妻共同财产。"离婚后，原告发现，被告名下其实有10万元左右的住房公积金未进行分割。于是原告向被告提出要求被告补偿自己5万元，被告拒绝后，原告向法院起诉要求分割被告的住房公积金。

庭审时，法院查明被告名下的住房公积金账户截至双方离婚时的余额为105000元。但被告认为，双方已经在离婚协议中约定没有未分割的夫妻共同财产，故不同意向原告支付补偿款。法院认为，原、被告双方虽然在离婚协议中约定婚姻关系存续期间无夫妻共同财产，但根据法院查明的事实，被告名下的住房公积金账户中的部分余额确实取得于婚姻关系存续期间，属于夫妻共同财产。现原告以该部分夫妻共同财产未予处理为由向法院起诉要求分割，符合法律规定，应当在双方之间均等分割。最终法院判决：被告于判决生效之日起十日内支付原告住房公积金分割款52500元。

律师观点

根据《民法典》及相关司法解释的规定，对于一方在离婚后才发现，但确实属于双方当事人在离婚时漏分的夫妻共同财产，一方有权再次向法院起诉要求分割这部分财产。

实践中，离婚双方有时会出于各种原因在离婚时漏分夫妻共同财产。比如，很多离婚当事人都不知道双方在婚后所取得的住房公积金、养老保险的个人缴费部分等均属于夫妻共同财产，离婚时可以要求进行分割。本案就属于这种情况。原、被告双方通过协议方式离婚，但离婚协议中并未约定被告在婚后取得的住房公积金如何分割。虽然双方在离婚协议中笼统约定没有夫妻共同财产，但是法院查明该部分财产确实是被告在婚姻关系存续期间所得，属于《民法典》规定“其他应当归共同所有的财产”，因此判决支持了原告的诉讼请求。

法条指引

《最高人民法院关于适用〈中华人民共和国民法典〉婚姻家庭编的解释（一）》

第八十三条 离婚后，一方以尚有夫妻共同财产未处理为由向人民法院起诉请求分割的，经审查该财产确属离婚时未涉及的夫妻共同财产，人民法院应当依法予以分割。

2. 离婚后发现一方有隐藏、转移夫妻共同财产的行为，如何主张权利？

案情简介

原告吴某与被告孙某原系夫妻关系，因夫妻感情破裂经法院判决离婚，一审法院判决确定登记在被告孙某名下的宝马牌轿车归原告吴某所有，由吴某向孙某支付车辆补偿款8万元。孙某不服一审判决提出上诉，二审法院经审理后维持了一审判决。后吴某发现，被告孙某竟然在法院审理期间将上述车辆擅自出售给案外人高某。吴某认为孙某的行为属于恶意转移夫妻共同财产，故向法院起诉，要求孙某赔偿车辆损失及小客车指标损失共计人民币30万元。

庭审时，原告吴某提出，现在北京市机动车摇号中签的概率极低，被告孙某在双方离婚案件二审审理期间擅自将车辆出售给他人的行为，明显属于恶意转移财产，根据《民法典》的规定，原告有权要求被告进行赔偿，并且少分或不分财产。被告孙某承认将车辆出售给案外人，但认为自己并没有低价转移车辆，车辆出售的价格客观公允，并且原告主张的车辆指标损失没有法律依据。

法院经审理后认为，孙某明知一审法院已经判决车辆归吴某所有，却在二审诉讼期间擅自将车辆转移登记至案外人名下，主观上存在恶意，属于转移夫妻共同财产，故原告吴某提出要求被告孙某支付车辆损失的请求，应予支持，但对于吴某提出的小客车指标损失，缺乏相关法律依据。最终法院判决：一、被告孙某于判决生效之日起十日内给付原告吴某车辆补偿款10万元；二、驳回原告吴某的其他诉讼请求。

律师观点

根据《民法典》第一千零九十二条的规定，夫妻一方隐藏、转移、变卖、毁损、挥霍夫妻共同财产，或者伪造夫妻共同债务企图侵占另一方财产的，在离婚分割夫妻共同财产时，对该方可以少分或者不分。离婚后，另一方发现有上述行为的，可以向人民法院提起诉讼，请求再次分割夫妻共同财产。

实践中，很多离婚案件都存在不同程度的“转移”财产情形。因此，我们必须准确区分哪些情形属于转移财产，哪些情形属于正常的消费支出。通常有以下几个参考因素：第一，看一方处置财产的数额。根据《民法典》的规定，夫妻双方均有家事代理权，对于数额不大的日常生活消费，双方均有权自行决定。但对于数额较大的财产处置，如购置或出售房屋、车辆等，则必须经双方协商一致。第二，看一方处置财产的用途。如果一方处置财产是用于夫妻共同生活，如看病就医、子女教育等，则应认定为正常的家庭支出。如一方随意挥霍财产，或未经双方协商，擅自将大额共有财产赠与一方的亲属，则存在转移财产的嫌疑。第三，看一方处置财产的时间。如果双方的夫妻感情处于稳定期内，一方虽未经另一方同意，擅自购买奢侈品或偶尔大额消费，则不宜认定为转移、毁损财产。如果双方已经处于离婚前的不稳定时期，甚至已经在离婚诉讼过程中，一方如有隐藏、转移财产等行为的，则应认定为属于故意隐藏、转移财产。

法条指引

《中华人民共和国民法典》

第一千零九十二条 夫妻一方隐藏、转移、变卖、毁损、挥霍夫妻共同财产，或者伪造夫妻共同债务企图侵占另一方财产的，在离婚分割夫妻共同财产时，对该方可以少分或者不分。离婚后，另一方发现有上述行为的，可以向人民法院提起诉讼，请求再次分割夫妻共同财产。

3. 复婚后再次离婚的，如何分割财产？

案情简介

陈某与刘某系大学同学，在大学期间就确定了恋爱关系，毕业后两人很快办理了结婚登记。婚后，两人一起在北京打拼创业，并在几年后购买了房产，生育一女。本来可以松口气享受一家人在一起的幸福生活，陈某却无意间发现在其怀孕及产后期间，刘某一直与郭某保持暧昧关系，并多次出轨。一气之下，陈某与刘某协议离婚，离婚协议中约定孩子由陈某抚养，房屋及存款全部归陈某所有，刘某净身出户。离婚后，刘某一直苦苦哀求，并保证与郭某分手不再来往。陈某为了孩子，与刘某复婚。但好景不长，陈某发现其实刘某还在偷偷与郭某保持联系，并未真正分手。再次被欺骗让陈某对这段婚姻彻底失去了信心，她向刘某提出离婚，但刘某却在本次离婚时要求对之前的房产及存款进行分割。陈某向律师咨询，刘某的主张能否得到法律支持？

律师观点

婚姻当事人双方无论通过协议离婚还是诉讼离婚，在离婚时都已经完成了夫妻共有财产的分割，分割后的财产属于个人财产，归个人所有。当再次结婚时，该部分财产应作为个人的婚前财产，根据《民法典》及相关司法解释的规定，如婚后未作特别约定，则为夫妻一方的财产，再次离婚时仍归一方所有。

本案中陈某与刘某复婚，虽然两次结婚的当事人主体未发生变化，但是这两段婚姻关系是相互独立的，不能因为结婚主体相同而被理解为第一段婚姻关系的延续，从而将第二段婚姻关系存续期间的财产与第一段婚姻关系存续期间的财产混在一起。陈某与刘某在第一次离婚时，已经对双方在第一段夫妻关系存续期间的共同财产进行了分割，房屋及存款在分割后发生了所有权的变更转移，成为陈某的个人财产。那么复婚时，其也应认定为陈某婚前的个人财产。根据《最高人民法院关于适用〈中华人民共和国民法典〉婚姻家庭编的解释(一)》第三十一条的规定，一方的婚前财产，不因婚姻关系的延续而转化为夫妻共同财产。因此，复婚作为再次结婚的一种特殊情况，除非当事人之间有特别约定，否则再次离婚时仍应当依照离婚财产分割的原则进行处理。

法条指引

《中华人民共和国民法典》

第一千零六十三条　下列财产为夫妻一方的个人财产：

（一）一方的婚前财产；

……

《最高人民法院关于适用〈中华人民共和国民法典〉婚姻家庭编的解释（一）》

第三十一条　民法典第一千零六十三条规定为夫妻一方的个人财产，不因婚姻关系的延续而转化为夫妻共同财产。但当事人另有约定的除外。

4. 离婚后，发现原配偶在婚姻关系存续期间通过继承取得的财产，能要求分割吗？

案情简介

朱某和张某原系夫妻关系，朱某系初婚，张某系再婚，双方婚后生育一子。两人婚后常因各种生活琐事争吵，考虑到孩子才勉强维系婚姻关系。在儿子高考后，两人遂以协议方式离婚。张某父母在朱某与张某夫妻关系存续期间相继去世，留有一处房产，并未留下任何遗嘱。该房产在双方离婚时未进行遗产分割。离婚后，朱某得知该房产已被析产并被张某及其兄以400万元的价格卖予他人，各自分得了一半的售房款。朱某向律师咨询，其是否有权对张某所分得的200万元售房款主张分割？

律师观点

涉案房屋系张某父母生前的夫妻共同财产，张某父母去世时并未留下任何书面遗嘱，张某及其兄（其他法定继承人）遂按照法定继承各自享有该房屋50%的继承份额。由于张某父母在朱某和张某婚姻关系存续期间去世，因此，张某所享有的50%房产继承份额应属于朱某与张某的夫妻共同财产。但在二人离婚时，该份额作为张某依法可以继承的遗产，在继承人之间尚未实际分割，不具备作为朱某和张某夫妻共同财产进行分割的条件，故该房产份额应属于朱某和张某离婚时未分割的夫妻共同财产。但朱某有权在知道该房产实际处分后，对该房产中张某所占份额主张权利，请求再次分割夫妻共同财产。张某出售该房产份额所得售房款系上述夫妻共同财产的价值转换，应按照夫妻共同财产的分配原则予以分割，本案中张某应向朱某分割100万元售房款。

因此，除被继承人留有遗嘱且遗嘱中确定只归夫或妻一方的财产外，夫妻在婚姻关系存续期间继承取得的财产均属夫妻共同所有财产。在继承开始后，遗产分割前，继承人未明示放弃遗产继承的，视为接受继承，其应当继承的份额为夫妻共同所有。在其他继承人对遗产进行实际分割时，即具备了夫妻共同财产分割的条件，一方有权要求原配偶对其继承所得的遗产进行夫妻共同财产分割。

法条指引

《中华人民共和国民法典》

第一千零六十二条 夫妻在婚姻关系存续期间所得的下列财产，为夫妻的共同财产，归夫妻共同所有：

……

（四）继承或者受赠的财产，但是本法第一千零六十三条第三项规定的除外；

……

第一千零六十三条 下列财产为夫妻一方的个人财产：

……

（三）遗嘱或者赠与合同中确定只归一方的财产；

……

《最高人民法院关于适用〈中华人民共和国民法典〉婚姻家庭编的解释（一）》

第八十一条 婚姻关系存续期间，夫妻一方作为继承人依法可以继承的遗产，在继承人之间尚未实际分割，起诉离婚时另一方请求分割的，人民法院应当告知当事人在继承人之间实际分割遗产后另行起诉。

5. 协议离婚后，还能提出损害赔偿请求吗？

案情简介

原告江某与被告陆某原系夫妻关系，两人育有一女。后双方因感情不和协议离婚，女儿随原告江某共同生活。离婚后原告江某以被告陆某在婚姻关系存续期间与案外人赵某同居，并且有一私生子为由，向法院起诉，要求被告陆某赔偿精神损失费10万元。

庭审中，被告陆某认可上述事实，但表示原告江某早在双方离婚时即已知道被告陆某与案外人同居生子的事实。原告江某认为，虽然离婚前就知道被告与案外人赵某有私生子的事实，但双方在离婚协议中并未对损害赔偿事宜进行明确约定，因此原告有权在离婚后另行向被告主张损害赔偿责任。

法院经审理后，确认被告陆某在与原告江某的婚姻关系存续期间与案外人同居并生育一子的事实。法院认为，被告陆某的行为明显属于《民法典》第一千零九十一条规定的“与他人同居”，由于双方在协议离婚时并未协商过上述事宜，且原告江某亦未表示放弃该项请求，故对原告要求被告赔偿精神损失费的诉讼请求，法院予以支持。

律师观点

根据《最高人民法院关于适用〈中华人民共和国民法典〉婚姻家庭编的解释（一）》第八十九条的规定，在当事人以协议方式登记离婚的情况下，协议离婚后，当事人如果依据《民法典》第一千零九十一条所列举的法定过错事由向法院起诉，要求过错方承担损害赔偿责任的，法院应当受理。但是当事人在协议离婚时已经明确表示放弃该项请求的除外。

上述司法解释的规定非常清晰，即如果双方协议离婚时，一方明知另一方在婚内存在《民法典》第一千零九十一条所列举的法定过错情形，但是基于各种考虑自愿放弃了要求另一方承担损害赔偿责任，属于当事人自愿放弃自己的权利。因此，放弃权利的一方当事人在离婚后另行提出损害赔偿请求的，法院不予支持。

具体到本案，被告陆某不仅违反夫妻忠实义务与他人同居，并且有私生子，被告的行为明显属于《民法典》第四十六条规定的“与他人同居”，且双方在协议离婚时并未对此事进行明确约定，故原告有权在协议离婚后单独就此项请求向法院提起诉讼。

法条指引

《中华人民共和国民法典》

第一千零九十一条 有下列情形之一，导致离婚的，无过错方有权请求损害赔偿：

（一）重婚；

（二）与他人同居；

（三）实施家庭暴力；

（四）虐待、遗弃家庭成员；

（五）有其他重大过错。

《最高人民法院关于适用〈中华人民共和国民法典〉婚姻家庭编的解释（一）》

第八十九条 当事人在婚姻登记机关办理离婚登记手续后，以民法典第一千零九十一条规定为由向人民法院提出损害赔偿请求的，人民法院应当受理。但当事人在协议离婚时已经明确表示放弃该项请求的，人民法院不予支持。

6. 诉讼离婚时未一并提出损害赔偿请求，离婚后还能主张吗？

案情简介

魏某和宋某原系夫妻关系，婚后双方因生活琐事产生矛盾，并多次发生肢体冲突。后宋某向法院起诉要求与魏某离婚，法院判决解除了双方的夫妻关系，并依法分割共同财产。后魏某对财产分割结果不服提出上诉，二审法院经审理后维持了一审判决。在二审法院审理过程中，魏某主张宋某有家暴行为，要求其承担相应的精神损害抚慰金，但由于魏某未在一审期间提出上述请求，故该项请求未获二审法院的支持。上述离婚判决生效后，魏某又再次向法院起诉，要求宋某赔偿精神损害抚慰金5万元。

法院审理过程中，宋某认为双方虽发生过冲突，但双方均动手打过对方，并且宋某曾经赔偿过魏某2000元，因此不同意魏某的诉讼请求。魏某认可曾经收到过宋某给付的2000元医疗费，但认为该款项属于宋某应当支付的医疗费用。法院调查发现，在双方婚内，宋某确实曾多次动手殴打魏某，魏某曾两次到医院开具受伤诊断证明。并且宋某还曾向魏某出具过亲笔手写的悔过书一份，内容为保证今后不再动手打人。法院认为，根据现有证据及双方当事人的陈述，足以认定宋某在婚姻关系存续期间多次对魏某进行殴打，故宋某对双方夫妻感情的破裂存在一定过错。魏某作为无过错方，有权要求损害赔偿，但魏某主张的赔偿金额过高，最终数额由法院予以酌定。宋某赔偿给魏某的2000元属于医疗费，与本案魏某主张赔偿的精神损害赔偿并不冲突。

最终法院判决被告宋某于判决生效后七日内赔偿原告魏某精神损害抚慰金2万元。

律师观点

关于离婚损害赔偿请求的提出时间，《最高人民法院关于适用〈中华人民共和国民法典〉婚姻家庭编的解释（一）》第八十八条明确规定，如果无过错方作为原告，则必须在离婚诉讼的同时提出损害赔偿请求；如果无过错方作为被告，在离婚诉讼时表示不同意离婚也不提出损害赔偿请求的，可以在离婚后就此单独提起诉讼；如果无过错方作为被告，在一审时没有提出损害赔偿请求，在二审期间才提出，二审法院则应不予处理该部分请求，告知被告在离婚后就损害赔偿问题另行起诉。因此，在离婚诉讼案件中，作为原告的无过错方，应当在离婚时一并向法院提出损害赔偿请求；如果是作为被告的无过错方，可以依法在离婚后提出损害赔偿请求。

法条指引

《最高人民法院关于适用〈中华人民共和国民法典〉婚姻家庭编的解释（一）》

第八十八条　人民法院受理离婚案件时，应当将民法典第一千零九十一条等规定中当事人的有关权利义务，书面告知当事人。在适用民法典第一千零九十一条时，应当区分以下不同情况：

（一）符合民法典第一千零九十一条规定的无过错方作为原告基于该条规定向人民法院提起损害赔偿请求的，必须在离婚诉讼的同时提出。

（二）符合民法典第一千零九十一条规定的无过错方作为被告的离婚诉讼案件，如果被告不同意离婚也不基于该条规定提起损害赔偿请求的，可以就此单独提起诉讼。

（三）无过错方作为被告的离婚诉讼案件，一审时被告未基于民法典第一千零九十一条规定提出损害赔偿请求，二审期间提出的，人民法院应当进行调解；调解不成的，告知当事人另行起诉。双方当事人同意由第二审人民法院一并审理的，第二审人民法院可以一并裁判。

7. 离婚后发现一方在婚内与他人同居，能否向婚外第三者主张损害赔偿？

案情简介

原告李某与被告汪某原系夫妻关系，双方婚后生有一女。婚内，原告李某发现被告汪某与被告戴某有同居行为，遂提出与被告汪某离婚。后李某与汪某在离婚协议中约定，原告李某与被告汪某自愿离婚；孩子由原告李某抚养；被告汪某自愿赔偿原告李某精神损失费 10 万元。离婚后，因汪某未按照离婚协议的约定向李某支付款项，李某向法院起诉，要求被告汪某与被告戴某共同赔偿原告李某精神损失费 10 万元。

被告汪某认可离婚协议中的约定，但主张 10 万元的赔偿金额过高。被告戴某认为自己并非离婚损害赔偿责任纠纷案的适格被告，不同意原告李某的诉讼请求。法院认为，被告汪某在与原告李某的婚姻关系存续期间与被告戴某同居，并导致离婚，原告作为无过错方有权请求损害赔偿。且双方在离婚协议中约定 10 万元的精神损害赔偿，系双方自愿协商一致，故对原告李某要求被告汪某支付精神损害赔偿金的诉讼请求，应予以支持。但离婚损害赔偿系婚姻双方当事人之间的纠纷，故原告要求被告戴某共同赔偿 10 万元精神损害赔偿金的诉讼请求，于法无据。最终法院判决：一、被告汪某于判决生效之日起十日内一次性支付原告李某损害赔偿金 10 万元；二、驳回原告李某的其他诉讼请求。

律师观点

实践中，很多离婚当事人都对第三者充满仇视情绪，但有时候因为无法得知第三者的具体身份信息，所以也就不了了之。离婚后，有的当事人掌握了第三者的相关信息，就想通过诉讼或者其他方式追究第三者的过错责任。根据《最高人民法院关于适用〈中华人民共和国民法典〉婚姻家庭编的解释（一）》第八十七条第一款的规定，“承担民法典第一千零九十一条规定的损害赔偿责任的主体，为离婚诉讼当事人中无过错方的配偶”。换言之，无过错一方只能向过错方主张承担损害赔偿责任，不能向婚姻关系以外的第三者主张损害赔偿责任。这是因为，夫妻双方之间存在特定的身份关系，而法律规定的离婚损害赔偿责任意在保护婚姻关系中无过错一方的配偶权，婚姻关系以外的第三者虽然在客观上对夫妻双方的离婚存在一定过错，但该过错更多地体现在道德方面，对于夫妻双方之间的离婚损害赔偿纠纷案件，婚外第三者是没有权利参与的。

本案中，被告汪某在婚姻关系存续期间与案外人戴某同居，直接导致其与原告李某的夫妻感情破裂，属于过错一方，因此汪某应当向原告李某承担损害赔偿责任。并且双方已经在离婚协议中自愿协商确定了损害赔偿的具体金额，应当遵照执行。

法条指引

《中华人民共和国民法典》

第一千零九十一条 有下列情形之一，导致离婚的，无过错方有权请求损害赔偿：

……

（二）与他人同居；

……

《最高人民法院关于适用〈中华人民共和国民法典〉婚姻家庭编的解释（一）》

第八十七条第一款 承担民法典第一千零九十一条规定的损害赔偿责任的主体，为离婚诉讼当事人中无过错方的配偶。

8. 离婚后发现孩子不是自己亲生的，如何主张损害赔偿？

案情简介

原告许某与被告顾某原系夫妻关系，两人婚后育有一子许某某。自孩子出生后，被告顾某一直找各种理由要求离婚，双方矛盾一度激化，最终以协议方式登记离婚。离婚后，案外人张某告知原告许某，被告顾某与其前夫王某存在不正当男女关系，许某某实际为被告顾某与王某所生，案外人张某还向原告许某提供了相关证据。原告许某得知此事后异常愤怒，遂向法院起诉要求被告顾某赔偿精神损害抚慰金 30 万元。

庭审中，被告顾某坚决否认许某某系其与王某所生。为此，原告向法院申请进行亲子鉴定，同时向法院提交了被告顾某与他人生育子女的相关证据材料，但被告顾某明确表示拒绝配合原告进行亲子鉴定。

法院认为，根据《最高人民法院关于适用〈中华人民共和国民法典〉婚姻家庭编的解释（一）》第三十九条第一款的规定，一方向人民法院起诉请求否认亲子关系不存在，并已提供必要证据予以证明，另一方没有相反证据又拒绝做亲子鉴定的，人民法院可以推定请求否认亲子关系不存在一方的主张成立。现原告许某提交了初步证据证明许某某系被告顾某与他人所生，但被告顾某拒绝配合进行亲子鉴定，故法院可以推定许某某与原告许某不存在亲子关系。因被告顾某在与原告许某的婚姻关系存续期间与他人存在不正当男女关系，已严重伤害了原告的个人感情，原告作为无过错方有权提出损害赔偿之诉。关于赔偿的具体数额，法院将综合被告顾某的行为所造成的后果、认错态度等因素进行酌定。最终法院判决：被告顾某支付原告许某精神损害抚慰金人民币10万元，于判决生效之日起七日内付清。

律师观点

在离婚案件当中，有的当事人在离婚前就已经察觉到配偶一方可能存在出轨等对婚姻不忠实的行为，但没有充分的证据，为了尽快解除不幸福的婚姻关系，有时会选择睁一只眼闭一只眼。也有的当事人，在离婚时确实没有发现配偶一方存在过错行为，直到离婚后才掌握了一些证据线索，本案正是这种情况。原告许某在与被告顾某离婚后，才从案外人张某处得知，许某某是被告顾某与他人所生。为此，许某以离婚后损害赔偿纠纷为由起诉顾某，要求其赔偿精神损害抚慰金，并得到了法院的支持。

实践中还存在另一种情况，即女方在婚内与他人出轨后怀孕生子，不仅向男方隐瞒，并且在离婚时将孩子的抚养权交由不知情的男方抚养，导致男方多年后才发现所养育的孩子并非自己亲生。这种情况相对于本案而言，客观上对男方造成的伤害将更为严重。此类案件实际上属于欺诈性抚养，只要男方有证据证明女方存在上述过错，不仅可以要求一定金额的精神损害赔偿，还可以同时要求女方退还一部分抚养费。根据《最高人民法院关于夫妻关系存续期间男方受欺骗抚养非亲生子女离婚后可否向女方追索抚养费的复函》的规定，对于欺诈性抚养案件，男方要求女方退还离婚之后给付给孩子的抚养费用，法院应当支持。但是，夫妻关系存续期间男方为孩子支出的抚养费用能否要求女方返还，由于涉及的问题比较复杂，不能一概而论，实践中仍需要结合个案的具体情况来进行分析。

法条指引

《最高人民法院关于适用〈中华人民共和国民法典〉婚姻家庭编的解释（一）》

第三十九条第一款 父或者母向人民法院起诉请求否认亲子关系，并已提供必要证据予以证明，另一方没有相反证据又拒绝做亲子鉴定的，人民法院可以认定否认亲子关系一方的主张成立。

9. 离婚后对方拒绝从家中搬走怎么办？

案情简介

原告杨某与被告刘某原系夫妻关系，感情破裂后经法院诉讼离婚。法院判决准予双方离婚，同时将位于北京市大兴区某处的房屋判归原告杨某所有，并要求原告杨某向被告刘某支付150万元补偿款。但判决生效后，原告杨某仅向被告刘某给付了20万元。被告刘某认为原告杨某故意不履行判决义务，因此一直居住在上述房屋中，拒绝搬出。之后原告杨某再次向法院起诉，要求被告刘某立即搬出涉案房屋，并要求被告刘某按月支付房屋租金。

庭审时，被告刘某认为，在原告杨某没有付清全部150万元的房屋折价款之前，自己有权一直居住在涉案房屋内。同时，被告刘某也已经向法院申请强制执行，现该案正在执行过程中。法院认为，原告杨某系涉案房屋的合法所有权人，对于涉案房屋依法享有占有、使用、收益和处分的权利，现杨某与刘某已经离婚，被告刘某占用涉案房屋已经没有合法依据，故应当腾退。对于原告杨某要求被告刘某支付房屋租金的诉讼请求，法院根据相关情况进行酌定。对于被告刘某提出的观点，因刘某已经向法院申请执行，且法院已经立案，故被告的权利应在该执行案件中进行解决。最终法院判决：一、被告刘某于判决生效之日起十日内从原告杨某名下位于北京市大兴区的房屋中搬出；二、如被告刘某未按上述期限履行腾退义务，则被告刘某应于判决生效之日起十日内给付杨某房屋占有使用费每月3000元，自判决生效之日起至实际腾退之日止。

律师观点

实践中经常会出现这种情形，双方当事人离婚后，一方因各种原因未能严格按照离婚协议或者离婚调解书、判决书确定的内容履行相关义务，此时，另一方则以各种手段向对方施加压力，迫使对方履行义务。也正因此，导致很多当事人在离婚诉讼之后又引发了其他纠纷。以本案为例，被告之所以不配合腾退房屋，也是因为原告没有按照离婚判决书的约定向被告给付房屋补偿款。其实被告已经向法院提出了强制执行申请，本来合理合法，但被告强行占有使用已经判归原告所有的房屋，拒不腾退的做法没有法律依据。《民法典》第二百三十六条规定："妨害物权或者可能妨害物权的，权利人可以请求排除妨害或者消除危险。"原、被告离婚时，法院已经判决房屋归原告所有，所以原告已享有该房屋的完全所有权。而被告在判决生效后强行占有该房屋的行为，显然违反了《民法典》的规定，原告当然有权要求被告腾退。

可能有些当事人会从被告的角度考虑，担心被告的合法权益得不到保障。其实大可不必有这种担心。首先，被告已经向法院申请了强制执行，虽然执行需要一定的时间，但目前我国法院在执行方面不断加大力度，如果被执行人拒不履行判决书，则将面临被列为失信被执行人的风险。其次，本案原告如果拒不向被告给付补偿款，被告可以直接向法院申请对原告名下的房屋进行拍卖。总之，合法的权利应当通过合法的方式进行维护，不应当采取极端或者违法的手段达到预期目的，否则很可能会引发其他不必要的纠纷。

法条指引

《中华人民共和国民法典》

第二百三十六条　妨害物权或者可能妨害物权的，权利人可以请求排除妨害或者消除危险。

第二百三十八条　侵害物权，造成权利人损害的，权利人可以依法请求损害赔偿，也可以依法请求承担其他民事责任。

10. 离婚后，一方拒绝将户口迁出怎么办？

案情简介

原告方某与被告朱某原系夫妻关系，原告方某的父母在两人结婚前，为方某出资购买了一套位于北京市朝阳区东四环的二居室。两人结婚后，共同居住在上述房屋中，被告朱某也将自己的户口迁入该房屋。两人婚后生有一子，取名朱某某。后因朱某与他人发生不正当关系，导致双方夫妻感情破裂。双方经法院判决离婚，朱某某跟随方某共同生活。双方离婚后，被告朱某的户口一直未从上述房屋中迁出，为此，方某曾多次与朱某协商，但朱某以自己名下没有住房为由拒绝将户口迁出。原告方某只能再次向法院起诉，要求被告朱某立即将户口从上述房屋中迁出。

法院认为，户口迁移问题属于公安机关户籍管理部门的职权范围，不属于人民法院民事案件的处理范围。原告方某起诉要求被告朱某将户口从原告名下住房中迁出的诉讼请求，不符合《民事诉讼法》的相关规定。因此，法院以裁定形式驳回了原告方某的起诉。

律师观点

在离婚案件中，由于户口迁移引发的问题并不少见。一方拒不迁出户口，对享有房屋所有权的一方带来的主要问题有两个。第一，影响房屋的正常出售。在房屋买卖过程中，买方通常都非常重视房屋的户口迁移问题，如果房屋所有权一方打算出售房屋，而原配偶的户口仍在该房屋中，将会直接影响房屋的出售价格。第二，影响房屋所有权人的心理。大多数离婚当事人，在离婚后都不愿在户口簿上看到原配偶的名字，即便短期内不打算出售房屋，也希望原配偶尽快将户口迁出。

但根据我国现行法律的规定，户口迁移问题属于公安机关的职权范围，并不属于法院审理的范围。因此，当事人无论是通过诉讼方式离婚，还是协议方式离婚，对于户口迁移问题，都无法得到司法或行政机关的强制性处理。在诉讼离婚的情况下，一方如果向法院提出要求另一方将户口迁出的诉讼请求，是无法得到法院支持的。而在协议离婚的情况下，即便双方在离婚协议中约定一方应在离婚后配合将户口迁出，如果离婚后一方仍然拒不配合将户口迁出，则无论是法院还是公安机关，都无法采取强制措施。目前由于在法律上缺乏户口迁移的可操作性规定，此类纠纷经常会对当事人造成困扰。对此，我们通常建议当事人在户口迁移问题上尽量以协商方式解决。如果协商不成，可以向公安机关户籍部门寻求帮助，在公安机关的协调下，往往更容易促使一方自愿配合将户口迁出。

法条指引

《中华人民共和国民事诉讼法》

第一百二十七条 人民法院对下列起诉，分别情形，予以处理：

……

（三）依照法律规定，应当由其他机关处理的争议，告知原告向有关机关申请解决；

……

《最高人民法院关于适用〈中华人民共和国民事诉讼法〉的解释》

第二百零八条 人民法院接到当事人提交的民事起诉状时，对符合民事诉讼法第一百二十二条的规定，且不属于第一百二十七条规定情形的，应当登记立案；对当场不能判定是否符合起诉条件的，应当接收起诉材料，并出具注明收到日期的书面凭证。

需要补充必要相关材料的，人民法院应当及时告知当事人。在补齐相关材料后，应当在七日内决定是否立案。

立案后发现不符合起诉条件或者属于民事诉讼法第一百二十七条规定情形的，裁定驳回起诉。

第七章

离婚协议中的隐患

1. 离婚协议中的财产分割条款，应当如何约定？

案情简介

原、被告原系夫妻关系，婚后未生育子女。后双方因感情破裂到民政局办理了离婚登记手续。离婚后，原告偶然接到某银行理财员拨打的电话，告知被告名下某定期存款已到期，并提出相关理财建议。原告认为，被告在离婚时向原告隐瞒了上述存款的情况，故原告向法院起诉要求撤销离婚协议中关于存款分割的约定条款，要求对被告名下的上述存款进行分割。

法院经审理查明，原、被告双方在离婚协议中约定："双方各自名下的存款归各自所有。"双方均在该离婚协议上签字。原告认为，在签署离婚协议时，原告并不知道被告名下仍有其他存款，被告系故意隐瞒财产情况，因此要求撤销该约定，对被告隐瞒的存款进行重新分割。被告辩称，离婚协议的签署是双方的真实意思表示，按照约定，双方各自名下的存款应当归各自所有，不同意再次分割。法院调查发现，在离婚登记当日，被告名下多个银行账户卡内余额共计为7万余元。法院认为，原、被告双方在离婚时，就夫妻共同财产的分割系双方自愿协商一致的真实意思表示。关于夫妻存款问题，根据双方的约定，各自名下存款应归各自所有，故原告要求重新分割上述存款，缺乏相关依据，不应予以支持。最终法院判决驳回了原告的全部诉讼请求。

律师观点

根据《民法典》第一千零七十六条的规定，双方在登记离婚时，应当对子女抚养、财产及债务处理等事项取得协商一致的意见。对于财产的“协商一致的意见”，是指双方应当在离婚协议中对夫妻共同财产作出明确、具体的约定。实践中，很多当事人在选择以协议方式离婚的时候，并没有对离婚协议给予足够的重视，经常会作出诸如“各自名下的存款归各自所有”“各自名下的其他财产归各自所有”等表述。双方之所以会作出类似表述，一方面可能是为了达到尽快办理离婚手续的目的，为了省事，从网上下载一份离婚协议范本，随便改一下；另一方面则是因为对法律的了解不够。

以本案为例，一旦双方在协议中约定“各自名下的存款归各自所有”，则离婚后即便发现对方存在隐瞒财产的真实状况，再想进行分割，也将很难得到法院的支持。那么，离婚协议中对于财产分割的问题，应当如何约定呢？以存款为例，双方应当将各自名下的存款情况详尽列明，包括银行账号、开户行名称、存款余额等，并且明确约定，双方保证除协议中已列明的存款外，名下再无其他存款，如任何一方隐瞒真实存款情况，则视为故意隐匿财产，另一方有权要求对隐匿的财产进行重新分割。

另外，对于房产、车辆等大额财产的分割，则更应当列明财产的全部信息，尽量不要作出“各自名下的其他财产归各自所有”之类的笼统约定，以避免事后产生分歧，导致双方离婚后再次因为财产分割问题发生争议。

法条指引

《中华人民共和国民法典》

第一千零七十六条 夫妻双方自愿离婚的，应当签订书面离婚协议，并亲自到婚姻登记机关申请离婚登记。

离婚协议应当载明双方自愿离婚的意思表示和对子女抚养、财产以及债务处理等事项协商一致的意见。

第一千零七十八条 婚姻登记机关查明双方确实是自愿离婚，并已经对子女抚养、财产以及债务处理等事项协商一致的，予以登记，发给离婚证。

2. 离婚协议的哪些约定在法律上无效？

案情简介

原告张某与被告杨某原系夫妻关系，双方婚后生有一子。后双方因感情破裂登记离婚。双方在离婚协议中明确自愿离婚，并对子女抚养以及夫妻共同财产分割等问题进行了约定。同时，双方在离婚协议最后一条约定："如果杨某在离婚后十年内再婚，则杨某须补偿张某精神损失费30万元。"离婚两年后，原告张某发现被告杨某违反上述约定，与案外人方某结婚，故原告张某向法院起诉，要求被告杨某履行离婚协议中约定的义务，立即向原告给付精神损失费30万元。

被告杨某不同意原告的主张，认为双方在离婚协议中的此项约定违反了《宪法》的规定，限制了被告的婚姻自由，属于无效约定。法院认为，原告张某与被告杨某在离婚协议中限制被告杨某再婚的约定显然违反了《民法典》关于婚姻自由的基本原则，属于无效条款。原告张某现以被告与他人结婚为由，认为离婚协议中约定的精神损失费给付条件已经达成，并因此要求被告支付补偿的请求，因违反法律规定，不应予以支持。最终法院判决驳回原告张某的诉讼请求。

律师观点

在协议离婚的情况下，有些离婚当事人由于缺乏法律意识，往往在离婚时提出许多不符合法律规定的要求。比如，要求另一方在离婚后的一定时间内不得再婚，或者不得再生育子女，甚至约定限制一方再婚后所生子女的继承权等。如果对方不同意这些条件，双方就无法以协议方式离婚。因此，一些当事人为了达到尽快协议离婚的目的，不得不同意一些不合理，甚至是不合法的条件。实际上，无论是婚姻自由权，还是生育权，都属于法律赋予每个公民的合法权利，在不违反法律的前提下，任何人均不得干涉。因此，如果离婚协议中出现类似上述限制公民基本权利的内容，即便双方作出了明确的书面约定，在法律上也是无效的。

本案原、被告双方在离婚协议中的约定就限制了被告的婚姻自由权，明显违反了《宪法》和《民法典》的规定，属于无效条款。被告有权在离婚后的任何时间选择与他人再婚，原告不仅无权干涉，而且其以此向被告主张精神损失费的请求也得不到法院支持。实践中，离婚当事人需要注意，双方在进行约定时首先要考虑约定条款是否具有合法性，其次还要注意是否具有可操作性。否则，一旦约定不当，有可能导致一方的特殊要求无法实现，甚至因此再次引发纠纷。

法条指引

《中华人民共和国宪法》

第四十九条第四款 禁止破坏婚姻自由，禁止虐待老人、妇女和儿童。

《中华人民共和国民法典》

第一千零四十一条 ……

实行婚姻自由、一夫一妻、男女平等的婚姻制度。

保护妇女、未成年人、老年人、残疾人的合法权益。

3. 能否在离婚协议中约定管辖法院？

案情简介

张某与王某协议离婚，双方在离婚协议中约定，王某应向张某支付经济补偿款20万元。后因王某未按约定期限给付补偿款，张某遂向北京市昌平区人民法院起诉，要求王某立即按照离婚协议的约定支付补偿款。

昌平区人民法院立案后，王某在答辩期内提出了管辖权异议，王某主张自己长期居住在北京市朝阳区，本案应由北京市朝阳区人民法院管辖。为证明居住情况，王某向法院提交了居委会盖章的居住证明。昌平区人民法院认为，《民事诉讼法》第二十二条第一款规定："对公民提起的民事诉讼，由被告住所地人民法院管辖；被告住所地与经常居住地不一致的，由经常居住地人民法院管辖。"根据王某提交的居住证明，能够确认王某的经常居住地系北京市朝阳区。昌平区人民法院作出裁定，将本案移送至北京市朝阳区人民法院管辖。

张某对上述裁定不服，向北京市第一中级人民法院提起上诉。张某认为，双方在离婚协议中明确约定："如本协议在履行过程中发生争议的，任何一方均可向北京市昌平区人民法院起诉。"双方已经对争议管辖法院进行了明确、具体的书面约定，且本案系财产权益纠纷，依法应当优先由双方约定的法院管辖审理。张某坚持认为本案应由昌平区人民法院管辖。二审法院认为，张某与王某在离婚协议第七条中约定："如本协议在履行过程中发生争议的，任何一方均可向北京市昌平区人民法院起诉。"该约定符合《民事诉讼法》及司法解释的规定，北京市昌平区人民法院作为双方协议选择的管辖法院对本案享有管辖权，原审人民法院裁定本案应当按照一般地域管辖的规定确定管辖法院，并据此将本案移送至北京市朝阳区人民法院审理不当，应予以纠正。

二审法院作出终审裁定，撤销了北京市昌平区人民法院作出的管辖权移送裁定，确定本案继续由北京市昌平区人民法院审理。

律师观点

约定管辖，又称“协议管辖”，是指双方当事人在合同纠纷或者财产权益纠纷发生之前或发生之后，以协议的方式选择解决纠纷的管辖法院。对于离婚协议中的约定管辖条款是否有效，不能一概而论。

《最高人民法院关于适用〈中华人民共和国民事诉讼法〉的解释》第三十四条规定：“当事人因同居或者在解除婚姻、收养关系后发生财产争议，约定管辖的，可以适用民事诉讼法第三十五条规定确定管辖。”《民事诉讼法》第三十五条规定：“合同或者其他财产权益纠纷的当事人可以书面协议选择被告住所地、合同履行地、合同签订地、原告住所地、标的物所在地等与争议有实际联系的地点的人民法院管辖，但不得违反本法对级别管辖和专属管辖的规定。”离婚双方当事人因财产分割问题产生的争议是可以约定管辖法院的，但有以下例外情形：首先，对于离婚案件中涉及的许多与人身关系密切相关的问题，比如孩子抚养权、探望权的行使方式，当事人不能以约定方式确定管辖法院，只能适用一般民事案件“原告就被告”的原则确定管辖法院；其次，对于双方所争议的标的物系不动产的，根据专属管辖的规定，应当由不动产所在地人民法院管辖。

目前实践中，各个地区的民政部门对离婚协议的审查程度不同，有些民政部门会明确要求当事人不得在离婚协议中对管辖法院进行约定。因此，离婚当事人在离婚协议中约定管辖法院时，一方面要注意符合相关的法律规定，另一方面也要考虑到民政部门的具体要求。

法条指引

《中华人民共和国民事诉讼法》

第三十四条　下列案件，由本条规定的人民法院专属管辖：

（一）因不动产纠纷提起的诉讼，由不动产所在地人民法院管辖；

……

第三十五条　合同或者其他财产权益纠纷的当事人可以书面协议选择被告住所地、合同履行地、合同签订地、原告住所地、标的物所在地等与争议有实际联系的地点的人民法院管辖，但不得违反本法对级别管辖和专属管辖的规定。

《最高人民法院关于适用〈中华人民共和国民事诉讼法〉的解释》

第三十四条 当事人因同居或者在解除婚姻、收养关系后发生财产争议，约定管辖的，可以适用民事诉讼法第三十五条规定确定管辖。

4. 能否在离婚协议中约定违约金条款？

案情简介

原告杨某与被告李某协议离婚。离婚协议中约定，李某应自离婚协议签订之日起三个月内一次性向杨某支付经济补偿金40万元，如果李某逾期支付应按每日1‰的标准给付杨某违约金。双方离婚后，李某未按照上述约定给付杨某经济补偿金，故杨某向法院起诉要求李某支付经济补偿金并按约定支付违约金。

原告杨某为证明其主张，向法院提交了双方签字及捺印的离婚协议。该协议第三条约定："男方应自离婚协议签订之日起三个月内一次性向女方支付经济补偿金40万元整，如男方逾期支付，应按照每日1‰的标准向女方支付违约金。"被告李某认可该协议系其本人签字并捺印。法院经审理认为，原、被告双方签订的离婚协议，系双方的真实意思表示，且未违反法律法规强制性规定，应属合法有效的协议，双方应当严格按照协议的约定履行义务，现被告未按协议给付原告补偿金，有悖诚信原则，原告提出的诉讼请求合理。最终法院判决：一、被告李某于判决生效后七日内支付原告杨某经济补偿金40万元；二、被告李某自判决生效之日起按照40万元每日1‰的标准向原告杨某支付违约金，至实际支付之日止。

律师观点

离婚协议虽然有别于商事合同，但也是双方当事人协商一致后自愿达成的协议，本质上属于合同的一种。如果一方当事人在签署协议后不按照协议的约定履行义务，本质上属于违约行为，同时也违反了最基本的诚实信用原则，因此应当承担相应的违约责任。当事人可以在离婚协议中约定违约金条款，违约金的具体给付方式既可以约定为一次性给付固定的数额；也可以参照本案中的情形，在一方逾期给付时，约定一定的基数和比例，要求违约方按日给付逾期违约金。

需要注意的是，离婚协议中所约定的违约金标准应当结合双方的经济能力等客观情况，并以守约方的实际损失为基础，尽量客观、合理。如果双方随意约定过高的违约金标准，则在诉讼中将面临被法院调低违约金的风险。实践中，法院在审查违约金标准时，通常会考虑离婚双方所签订协议的履行情况、违约一方当事人的过错程度等因素，根据公平和诚信原则综合衡量违约金的给付标准。

法条指引

《中华人民共和国民法典》

第七条　民事主体从事民事活动，应当遵循诚信原则，秉持诚实，恪守承诺。

第五百八十五条　当事人可以约定一方违约时应当根据违约情况向对方支付一定数额的违约金，也可以约定因违约产生的损失赔偿额的计算方法。

约定的违约金低于造成的损失的，人民法院或者仲裁机构可以根据当事人的请求予以增加；约定的违约金过分高于造成的损失的，人民法院或者仲裁机构可以根据当事人的请求予以适当减少。

当事人就迟延履行约定违约金的，违约方支付违约金后，还应当履行债务。

5. 先后签订了多份离婚协议，应如何认定？

案情简介

原告马某与被告郭某原系夫妻关系，感情破裂后双方协议登记离婚。离婚协议第五条约定："因男方主动提出离婚，故男方自愿给付女方经济补偿款30万元，由于男方无法一次性支付，所以双方约定男方在三年内付清。具体支付方式为：每月十日前男方以银行转账方式支付给女方人民币1万元。"离婚后，郭某向马某支付了5万元后即不再支付，故马某向法院起诉，要求郭某按照离婚协议的约定继续履行付款义务。

庭审中，被告郭某又提供了一份双方离婚后次日签订的离婚协议，其中前四条内容与双方离婚当天签订的第一份离婚协议相同，但第五条内容变更为："男方自愿给付女方经济补偿款8万元，于离婚后三年内付清。"郭某主张，因其经济能力有限，双方在离婚后已经将经济补偿款的金额由30万元调整为8万元。马某认可该协议由自己签字，但表示该协议是为了避免双方家长之间的矛盾，所以配合郭某向其父母隐瞒第一份离婚协议的真实内容。并且双方之后还签署了第三份离婚协议，其内容与第一份离婚协议基本一致。

马某为证明其主张，向法院提供了双方签订的第三份离婚协议，其中第五条约定："男方自愿给付女方经济补偿款30万元，于离婚后三年内付清，具体支付方式为：每月十日前男方以银行转账方式支付给女方人民币1万元。"法院认为，原、被告双方因财产分割问题先后签订了三份离婚协议，但双方于离婚当日签订的第一份协议，与双方离婚后签订的最后一份协议的内容基本相同，因此可认定，这两份离婚协议代表了双方的真实意思表示。根据上述协议的约定，郭某自愿给付马某经济补偿款30万元，现郭某在离婚后仅向马某支付了5万元。马某要求郭某给付已到期的补偿款，并按照协议的约定继续给付剩余补偿款的诉讼请求合法，应予支持。

最终法院判决：一、被告郭某于判决生效之日起十日内给付原告马某截至20××年×月的补偿款7万元；二、被告郭某给付原告马某补偿款18万元（自20××年×月起，于每月十日前给付1万元，直至付清之日止）。

律师观点

离婚双方在协商订立离婚协议的过程中，常常会对协议作多次修改，甚至在登记离婚后，仍然会出现一方要求变更协议条款，或者对此前约定的具体内容反悔的情形。对于当事人先后签订了多份离婚协议的情形，最终应当以哪一份为准，《民法典》及司法解释均未作出明确规定。

在司法实践中，案件中出现多份离婚协议的，在认定时我们通常需要把握以下几个原则：第一，以签订时间在后的协议为准。如果双方签订了多份离婚协议，一般应当以签订时间在后的协议内容为准，这种情况属于双方对在先签订的协议内容进行了变更。第二，以在民政部门备案的协议为准。无论双方签订了几份内容不同的离婚协议，通常应以双方在民政部门办理离婚登记手续时提交备案的文本为准。第三，双方在登记离婚、领取离婚证之后另行签署的协议，性质上不属于离婚协议。双方一旦登记离婚，从法律上就已经解除了婚姻关系，虽然双方在离婚后仍有权针对子女的抚养探望、财产的分割等问题进行协商变更，但此时双方签署的协议，在本质上已经不属离婚协议的范畴。

本案中，原、被告先后签署了三份协议。实际上，在双方登记离婚之后另行签署的两份协议，系对第一份离婚协议的变更。本案主要的争议焦点在于男方应当按照哪份协议的约定向女方支付经济补偿款。就本案的情况而言，对女方，也就是原告马某来说较为有利。首先，双方签订的第一份协议已经在民政局备案；其次，第三份协议的签订时间顺序最晚；最后，重要的是，这两份协议对于经济补偿款数额的约定基本一致。因此，法院最终支持了原告的请求。

法条指引

《中华人民共和国民法典》

第一千零八十七条第一款 离婚时，夫妻的共同财产由双方协议处理；协议不成的，由人民法院根据财产的具体情况，按照照顾子女、女方和无过错方权益的原则判决。

6. 双方在离婚协议中约定将房产赠与子女，一方能否在房产过户之前撤销赠与？

案情简介

原告于某与被告范某原系夫妻关系，双方婚后生育一子于某某。后因感情不和，双方协议离婚，并在离婚协议中约定：于某某随范某共同生活，于某每月给付抚养费2000元。另外，双方同意将位于北京市大兴区某处的房产无偿赠与于某某所有，房产过户所需的一切费用由于某承担。离婚后，原告于某向法院起诉，要求撤销离婚协议中对于某某的房产赠与，并与被告范某重新进行分割。原告认为，根据《民法典》的规定，房产在实际过户之前，原告作为赠与人有权行使任意撤销权，随时撤销赠与。

被告范某指出，原告之所以要求撤销赠与，最主要的原因是原告已经与他人再婚，其为了自己的利益而不惜损害孩子的利益，因此被告坚决不同意原告的诉讼请求。法院经审理后认为，原、被告通过协议方式离婚，在离婚协议中明确约定将双方共有的房屋无偿赠与于某某，该协议系双方的真实意思表示。虽然原告主张根据《民法典》中对赠与合同的相关规定，在房屋尚未过户之前，原告享有任意撤销权，但根据《民法典》第四百六十四条第二款“婚姻、收养、监护等有关身份关系的协议，适用有关该身份关系的法律规定……”和《最高人民法院关于适用〈中华人民共和国民法典〉婚姻家庭编的解释（一）》第六十九条第二款“当事人依照民法典第一千零七十六条签订的离婚协议中关于财产以及债务处理的条款，对男女双方具有法律约束力……”的规定，原、被告双方在离婚时达成财产分割协议，当事人之间除纯粹的财产利益考虑外，还掺杂着子女抚养、夫妻感情等其他因素，故本案应当优先适用《民法典》的相关规定。在原、被告办理了离婚手续的情况下，原告请求撤销离婚协议中对孩子的赠与明显违背诚实信用原则。因此，法院对原告的诉讼请求不予支持。最终法院判决驳回原告于某的诉讼请求。

律师观点

房产分割问题常常是离婚当事人最大的财产争议。因为房产的价值较大，在分割时享有权属的一方需要向另一方支付高额的补偿，这对当事人来说无疑是一种负担。因此，很多离婚当事人会选择将双方共有的房产赠与孩子，这样既能避免一方承担高额补偿款的压力，也能使双方减少争议。但实践中，经常出现一方在离婚后反悔，要求撤销对孩子的房产赠与的情况。

目前，不同法院对于此类案件的观点认定不一。一种观点认为，根据《民法典》第六百五十八条的规定，赠与人在房屋实际过户登记至孩子名下之前，可以随时撤销赠与。本案中，原告正是持上述观点向法院起诉，虽然本案原告的请求被法院驳回，但实践中确实有法院支持上述观点。另一种观点则认为，离婚双方在离婚协议中作出的房产赠与约定，不仅是双方的真实意思表示，更是一种以解除双方婚姻关系为条件的赠与。双方当事人在进行约定时，除纯粹的财产利益考虑外，还掺杂着各种其他因素，甚至可能是一方为了换取另一方同意离婚而在财产方面作出的妥协和让步。因此，离婚协议中的约定应当属于离婚双方对离婚、子女抚养、财产分割等一系列问题达成的一揽子解决方案。如果在离婚后，允许一方随意撤销赠与，那么对另一方来说明显不公平，更有违诚实信用原则。因此，任何一方均无权随意撤销离婚协议中对孩子的赠与。

值得关注的是，在本案中，法院引用了《民法典》第四百六十四条的规定，明确指出原告主张的撤销离婚协议中的赠与条款，应当优先适用《民法典》及司法解释的规定，即双方自愿达成的离婚协议一旦生效，就对双方产生了法律上的拘束力，任何一方均不得随意反悔。笔者也赞同此观点。从另一个角度来看，夫妻双方在离婚时将房产赠与孩子，实际上也是双方作为父母对孩子履行抚养义务的一种方式，本质上也属于道德上的义务，不应允许一方随意撤销。另外提示一点，为了防止一方在离婚后援引《民法典》中的任意撤销权反悔，双方在离婚后应当尽快办理房产过户手续，将房产转移登记至孩子名下。

法条指引

《中华人民共和国民法典》

第四百六十四条 合同是民事主体之间设立、变更、终止民事法律关系的协议。

婚姻、收养、监护等有关身份关系的协议，适用有关该身份关系的法律规定；没有规定的，可以根据其性质参照适用本编规定。

第六百五十八条 赠与人在赠与财产的权利转移之前可以撤销赠与。

经过公证的赠与合同或者依法不得撤销的具有救灾、扶贫、助残等公益、道德义务性质的赠与合同，不适用前款规定。

第一千零七十六条 夫妻双方自愿离婚的，应当签订书面离婚协议，并亲自到婚姻登记机关申请离婚登记。

离婚协议应当载明双方自愿离婚的意思表示和对子女抚养、财产以及债务处理等事项协商一致的意见。

《最高人民法院关于适用〈中华人民共和国民法典〉婚姻家庭编的解释（一）》

第六十九条第二款 当事人依照民法典第一千零七十六条签订的离婚协议中关于财产以及债务处理的条款，对男女双方具有法律约束力。登记离婚后当事人因履行上述协议发生纠纷提起诉讼的，人民法院应当受理。

7. 离婚诉讼中，能否以先前已签订的离婚协议作为夫妻感情破裂的证据？

案情简介

原、被告双方经自由恋爱后结婚，婚后因琐事发生纠纷，双方曾私下签署了一份离婚协议，但并未办理离婚登记手续。之后原告以双方性格不合、价值观不同为由向法院起诉，要求与被告离婚，并依法分割夫妻共同财产。

庭审中，原告向法院提交了双方共同签署过的离婚协议，用以证明双方曾经协商一致同意离婚，并对财产分割问题已经达成了共识。此后双方虽未办理离婚登记手续，但夫妻感情确实已经破裂。被告称双方签署离婚协议的真实背景系因双方吵架后一时气愤，因此协议上所签笔迹十分潦草，明显是双方在情绪激动的情况下签订的，各自冷静下来后并没有办理离婚登记手续。现虽然原告提出离婚，但被告认为夫妻感情并未破裂，因此不同意离婚。

法院认为，原告与被告双方有良好的感情基础，婚后虽因家庭琐事发生矛盾，但夫妻感情尚可。虽然双方曾签署了离婚协议，但最终并未办理离婚登记手续，应当认定双方夫妻感情没有破裂，尚有和好可能。今后双方应加强沟通与交流，相互体谅。对原告要求与被告离婚的请求，法院不予支持。最终法院判决不准原、被告离婚。

律师观点

实践中，夫妻双方在发生争吵后，因一时冲动而签署离婚协议，冷静之后又和好的情形不在少数。当事人签署离婚协议可能是出于各种各样的原因，有可能是双方确实因为夫妻感情出现了问题，经过慎重考虑后协商离婚；但也有可能是出于冲动而作出的不理智决定；有时甚至双方已经到了婚姻登记处，但由于一方没有带结婚证、户口簿等证件未能办理离婚登记，最后又再次和好。因此，双方在离婚前签署离婚协议的真实原因常常掺杂着复杂的情感以及各种其他因素，签署离婚协议本身并不必然意味着双方感情破裂。

在离婚诉讼中，一方当事人仅依据曾经签署过书面离婚协议就作为夫妻感情破裂的证据，肯定是无法得到法院支持的，法院最多只能认定双方在某一时间节点确实就离婚事宜进行过协商。对于双方的夫妻感情是否已经破裂，法院应严格依照《民法典》第一千零七十九条规定的法定情形进行认定。

就本案来说，原、被告双方对离婚协议的签署背景各执一词，原告认为是双方感情确实已经破裂才签署了离婚协议，但是原告并未提出其他证据进行证明。相反，被告指出，离婚协议是在双方争吵之后签署，从协议上双方的亲笔签名均十分潦草即可看出。相比之下，被告的陈述可能更贴近客观事实。另外，双方在签署离婚协议后，仍然继续共同生活了一年多，之后原告才向法院起诉要求离婚。法院也正是在综合考虑了以上各种因素后，最终判决驳回了原告要求离婚的诉讼请求。

法条指引

《中华人民共和国民法典》

第一千零七十九条　夫妻一方要求离婚的，可以由有关组织进行调解或者直接向人民法院提起离婚诉讼。

人民法院审理离婚案件，应当进行调解；如果感情确已破裂，调解无效的，应当准予离婚。

有下列情形之一，调解无效的，应当准予离婚：

（一）重婚或者与他人同居；

（二）实施家庭暴力或者虐待、遗弃家庭成员；

（三）有赌博、吸毒等恶习屡教不改；

（四）因感情不和分居满二年；

（五）其他导致夫妻感情破裂的情形。

一方被宣告失踪，另一方提起离婚诉讼的，应当准予离婚。

经人民法院判决不准离婚后，双方又分居满一年，一方再次提起离婚诉讼的，应当准予离婚。

8. 离婚诉讼中，法院会按照此前已签订的离婚协议进行判决吗?

案情简介

原告王某与被告徐某系夫妻关系，婚后育有一子徐某某（三周岁）。由于双方婚前缺乏了解，草率结婚，致使婚后经常发生争吵。双方曾私下签署了一份离婚协议，对孩子抚养和财产分割问题达成了一致，但因故未能办理离婚登记手续。后原告王某向法院起诉离婚，主张徐某某由原告抚养，并要求按照双方签署的离婚协议分割财产。

庭审中，原告王某向法院提交了双方签署的离婚协议一份，主要内容为“……因夫妻感情已经破裂，经双方协商订立如下离婚协议：一、男女双方自愿离婚。二、儿子徐某某由女方抚养，随同女方生活，抚养费（含生活费、教育费、医疗费）由男方全部负责。三、夫妻双方共有的位于北京市海淀区××号院×号楼××号的房屋登记在女方名下，离婚后归女方所有，女方无须支付男方任何经济补偿……”被告徐某表示同意离婚，亦同意由原告王某抚养孩子，但认为双方之间签署的离婚协议明显不公平，且在法律上并未生效，因此不同意离婚协议的约定，认为孩子的抚养费应由双方共同承担，双方共有的海淀区房产亦应当均等分割。

法院认为，原告王某与被告徐某在结婚后未能建立起深厚的夫妻感情，现原告要求离婚，被告同意离婚，故法院认定双方感情确已破裂。双方曾经协商过离婚事宜并签署了离婚协议，但在双方未到婚姻登记部门办理离婚手续的情况下，该离婚协议并未生效，对双方当事人均不产生法律约束力，因此离婚协议中关于子女抚养以及财产分割的约定不能作为法院处理的直接依据。现双方均同意徐某某由原告王某抚养，法院予以准许，抚养费的具体数额由法院依法确定。对于双方共有的海淀区房产，因该房产现登记在原告名下，本着照顾女方及子女以及便利原则，该房产宜归原告所有，由原告向被告支付折价补偿款。因双方一致确认该房产现价值为400万元，故原告应当向被告支付一半的补偿款，即200万元。

最终法院判决：一、原告王某与被告徐某离婚；二、徐某某由原告王某抚养，被告徐某自判决生效后次月起给付徐某某抚养费1500元，于每月十日前给付，至徐某某年满十八周岁止；三、坐落在北京市海淀区××号院×号楼××号的房屋归原告王某所有，原告于判决生效后七日内向被告徐某给付房屋折价款200万元。

律师观点

离婚案件中，有的当事人在签署离婚协议后由于各种原因，最终未能办理离婚登记手续。在此情况下，双方签署的离婚协议实际上并没有生效，而双方在离婚协议中所约定的关于子女抚养、财产分割、债务分担等一系列条款也都不具备法律效力。所以，在离婚诉讼过程中，法院也不会按照离婚协议中所约定的内容进行判决。根据《最高人民法院关于适用〈中华人民共和国民法典〉婚姻家庭编的解释（一）》第六十九条的规定，可以得出以下几点结论：第一，离婚双方所签署的离婚协议必须以双方当事人最终离婚为生效条件，只要双方没有登记离婚，则离婚协议不生效。第二，离婚协议中关于子女抚养、财产分割、债务处理等约定，在本质上都是从属于离婚这个身份关系的处理结果，只要双方的婚姻关系没有解除，则其他约定就都不具有法律效力。第三，任何一方在诉讼过程中对离婚协议的约定反悔的，法院仍然要根据实际情况对夫妻共同财产进行分割。

实践中，很多当事人都误以为曾经签署的离婚协议具有法律效力，这个观念实际上是缺乏法律依据的。但是，在具体案件中，当事人仍然可以根据实际情况考虑将双方已经签署的离婚协议作为证据提交。比如，双方在离婚协议中所确定的财产信息、银行账号等，均可以作为有效的财产线索，可以防止另一方隐藏、转移财产。如一方存在与他人同居、家庭暴力等法定过错，并且在离婚协议中签字确认的，也可以作为法院在审理时认定一方存在过错的证据。因此，虽然法律允许一方在签署离婚协议后反悔，但对于双方签字确认的协议中的具体内容，仍然可以根据案件的具体情况加以利用，从而维护自身的合法权益。

法条指引

《最高人民法院关于适用〈中华人民共和国民法典〉婚姻家庭编的解释（一）》

第六十九条第一款 当事人达成的以协议离婚或者到人民法院调解离婚为条件的财产以及债务处理协议，如果双方离婚未成，一方在离婚诉讼中反悔的，人民法院应当认定该财产以及债务处理协议没有生效，并根据实际情况依照民法典第一千零八十七条和第一千零八十九条的规定判决。

9. 协议离婚后，一方能否以离婚协议中约定的财产分割方案不公平为由，请求法院撤销或变更离婚协议的约定？

案情简介

原告孙某与被告肖某原系夫妻关系，两人婚后生有一子肖某某，后因感情破裂登记离婚。离婚几个月后，原告孙某向法院起诉，请求撤销原、被告于离婚当日签署的离婚协议中关于房产分割的约定。

原告孙某向法院提交了与被告肖某签订的离婚协议，其中约定："……双方因夫妻感情不和，自愿协议离婚，现经双方协商一致，达成如下协议：一、离婚后孩子肖某某由女方抚养……二、夫妻共同财产的处置……房产的分割：夫妻双方婚后共同购买的位于北京市通州区××小区××号房屋一套，登记在男方名下，离婚后该套房屋归男方所有，男方向女方支付经济补偿款人民币100万元……"原告孙某主张，原告在签署离婚协议时曾受到被告肖某的威胁，如果原告不同意被告提出的房产分割方案，被告就不同意把孩子的抚养权交给原告，并称上述房产的实际价值至少有400万元，被告仅支付自己100万元补偿款明显不公平，因此离婚协议中关于房产分割的约定并非原告的真实意思表示。被告肖某认为，离婚协议是双方办理离婚登记当日在民政局共同协商后签署，不存在原告所称的威胁情形，因此不同意原告的主张。

法院认为，根据本案查明的事实，原、被告双方在签订离婚协议时，并不存在欺诈、胁迫等情形，故对原告要求撤销离婚协议的请求，法院不予支持。

最终法院判决驳回原告孙某的诉讼请求。

律师观点

根据《最高人民法院关于适用〈中华人民共和国民法典〉婚姻家庭编的解释（一）》第七十条的规定，如果离婚双方在签署离婚协议时确实是因为受到欺诈、胁迫等，违背真实意愿而签署的，可以向法院起诉要求撤销或变更离婚协议的约定。但是，主张受到欺诈或胁迫的一方必须向法院提供证据予以证明，如果缺乏相应的证据，则无法得到法院的支持。

本案中，原告孙某在起诉时，先是主张签订离婚协议时曾受到被告肖某的威胁，在法院审理过程中又强调双方共有的房屋价值 400 万元，被告仅支付 100 万元的补偿款不公平，但原告并未提供任何证据证明其曾受到过威胁。因此，法院驳回了原告的请求。需要注意的是，实践中，在办理离婚登记手续时，离婚登记处的工作人员都会对离婚双方进行提示，询问双方对于离婚协议中的约定有无异议，并进行记录。如果任何一方受到了欺诈、胁迫等，则应如实向婚姻登记部门陈述，否则就会被视为自愿签订协议。离婚后再以协议并非其真实意思表示而主张撤销的，如果没有确实、充分的证据予以佐证，将很难得到法院的支持。

法条指引

《最高人民法院关于适用〈中华人民共和国民法典〉婚姻家庭编的解释（一）》

第七十条　夫妻双方协议离婚后就财产分割问题反悔，请求撤销财产分割协议的，人民法院应当受理。

人民法院审理后，未发现订立财产分割协议时存在欺诈、胁迫等情形的，应当依法驳回当事人的诉讼请求。

第八章

离婚案件带来的思考

1. “出轨”是导致离婚的主要原因吗？

案情简介

案例一

李某和张某所在的公司有业务上的往来，两人通过工作关系相识恋爱并结婚，后生有一子，取名张某某。张某因工作需要经常出差。李某怀孕期间，发现张某经常半夜与他人微信聊天，怀疑张某有出轨嫌疑。一次张某醉酒晚归，李某趁张某睡着后翻看其手机，发现张某与他人的微信聊天极为暧昧，并且与他人有多次手机通话记录，李某将上述证据拍照保存。次日张某酒醒后，李某遂质问张某，张某向李某坦白了出轨的事实，并保证妥善处理，以家庭为重，希望李某能够原谅自己。但李某认为，张某在自己怀孕期间出轨他人，行为极其恶劣，因此提出要与张某离婚。后李某从双方的住所搬走，与张某分居。孩子出生后四个月左右，李某向法院起诉要求与张某离婚。

庭审中，张某起初表示不同意离婚，并再次请求李某看在孩子的情面上原谅自己，但李某要求离婚的态度极为坚决。李某为了证明双方的夫妻感情完全破裂，不仅向法院提交了张某与他人的微信聊天记录截图、手机通话记录截图，还将张某承认出轨的谈话全程录音一并作为证据提交。张某认为自己是诚心悔过，但看到李某竟然将自己诚心认错并请求其原谅的整个谈话过程录音，顿时心灰意冷，转而同意李某的离婚请求。诉讼过程中，李某主张张某在自己怀孕期间出轨他人，从而导致双方离婚，属于过错一方，要求张某赔偿精神损失费10万元，并主张在分割夫妻共同财产时张某应当少分。但法院经审理认为，张某虽有出轨行为，但尚不构成与他人同居，因此没有支持李某主张的精神损害赔偿请求。最终法院判决准予双方离婚，张某某由李某抚养，双方婚后的共同财产依法均等分割。

案例二

刘某与沈某婚后生有一女。刘某原系某中学教师，沈某原系某私企高管，后被一家上市公司聘为高管。孩子出生后不久，刘某便辞去了教师工作，全职在家照看孩子。沈某因忙于工作，经常加班，与刘某缺少夫妻间正常的沟通。一段时间后，沈某突然出差频率增多，有时甚至半个多月不回家。双方在日常生活中争吵的次数也逐渐增多。刘某出于女人的直觉，确信沈某有了婚外情，但没有确凿的证据。于是，刘某找到律师，咨询如何有效收集沈某的出轨证据，并希望能在离婚时保护自身的合法权益。经过律师的指导，刘某在取得了沈某出轨的部分证据后，与沈某就离婚、子女抚养及财产分割等问题进行了多次协商，最终沈某表示愿意将双方共同财产中60%的份额分给刘某和孩子。双方签署离婚协议后，登记离婚。

案例三

乔某系某杂志特约模特，杨某系某投资公司股东，两人经朋友介绍后相识，后登记结婚。杨某系再婚。乔某与杨某生育一女，取名杨某某。孩子出生后，乔某即辞去工作，在家全职照顾孩子。一天，乔某在家中偶然发现了一份出生医学证明，上面显示有一刚刚出生的男孩，而孩子的父亲竟然是杨某。乔某虽然理解杨某为了生意经常在外应酬，但没想到杨某竟然已经发展到了与他人婚外生子，她认为杨某严重地伤害了自己的感情。于是乔某向杨某提出，杨某必须将名下的房产全部添加上自己的名字，或者赠与给双方的孩子杨某某，作为对自己和孩子的补偿，否则就要与杨某离婚。杨某起初答应了乔某，但迟迟不配合办理房产转移登记手续。后来，乔某得知杨某已将名下多套房产抵押给了银行。乔某认为杨某故意制造债务、转移财产的行为再次欺骗了自己的感情，遂向法院起诉要求与杨某离婚。

律师观点

上述三个离婚案件中，男方均存在不同程度的出轨行为。

案例一中，双方结婚不到两年。男方在女方怀孕期间出轨，虽然男方在事后向女方认错悔过，但女方离婚的态度十分坚决，最终双方诉讼离婚，但法院认定男方虽对婚姻不忠，却并不属于《民法典》第一千零七十九条规定的法定过错，因此没有支持女方提出的损害赔偿请求。

案例二中，双方结婚十余年。女方在掌握了男方出轨的证据后即决定离婚。但经过双方的协商，男方同意在子女抚养和财产分割等问题上作出让步，于是双方最终以协议方式和平分手，没有诉至法院。

案例三中，男方的资产状况较好，结婚三年左右。女方在发现男方与他人同居生子后，本想为了孩子作出妥协，继续与男方共同生活，但男方却私下将多处房产进行抵押，故意制造债务转移财产的行为刺激了女方，最终双方仍然未能避免诉诸法律。

从上述案例可以看出，一方在婚内出轨，通常都会留下各种痕迹，一旦配偶掌握了相关证据，最终很可能导致双方离婚。即便双方没有因为一方出轨而立即选择离婚，但出轨这件事本身必然会直接影响双方的夫妻感情。因此，“出轨”确实是导致夫妻离婚的主要原因之一。

离婚案件中，一方出轨后，进入离婚诉讼之前，夫妻双方之间的博弈有以下特点。

第一，通常男方比较粗心大意，所以男方出轨后也更容易被发现。很多女性当事人在怀疑男方有出轨情形后，都会向律师求助，在律师的指导下收集男方存在过错的证据。而此时的男方由于仍然与女方一同生活，并且不知道自己出轨的事情已经败露，因此很可能被女方采集到相关证据。有很多离婚案件，男方有出轨行为，但直到诉讼过程中，女方向法院提交了相关证据之后，男方才发现原来女方早就已经掌握了自己出轨的大量证据。相比之下，女方则比男方更为细心，所以女方出轨的隐蔽性相对更高，即便男方有所察觉，通常也很难掌握女方出轨的直接证据。

第二，最直接有利证明一方出轨的证据，就是对方口头或者书面的自认。如果能取得对方签字确认的“出轨承诺书”等书面文件，则是最直接有利的证据。通常离婚当事人向律师咨询如何收集出轨证据的时候，律师都会建议当事人尽量以书面形式固定对方存在过错的证据，但此类证据的取得往往需要结合案件本身的客观情况，掌握一定的技巧，灵活取证。因为一旦取证失败，则必然会引起过错方的警觉，之后再想取证就更加困难。

第三，很多男方在出轨被发现后，也会向律师求助，咨询如何缓和夫妻间的矛盾，或者一旦双方感情破裂，如何在诉讼中避免财产分割对自己不利。在这里特别要强调的是，“出轨”这个词并不是《民法典》上的概念，一方有出轨行为，并不必然导致该方在分割夫妻共同财产时少分。在我国《民法典》第一千零七十九条所规定的过错中，与出轨相关的是“重婚”“与他人同居”。即便一方的出轨行为已经达到了同居的程度，法院也并不必然会在分割夫妻共同财产时直接采取“三七”“四六”的分配方式。

另外，实践中也有很多女性当事人在发现男方有出轨行为之后，并不必然作出离婚这个选择。尤其是在双方有了孩子之后，女方出于对孩子的保护，可能会附条件地“原谅”男方，女方通常会要求男方认错，并签署书面的“保证书”，或者要求男方将名下的财产转移给女方或者孩子。如果男方同意配合，可能双方能继续共同生活。但如果男方不愿配合，则很可能面临离婚。案例三的情况就是如此，女方在发现男方有私生子后，并没有马上提出离婚，直到发现男方转移财产之后，才作出离婚的决定。由此可以看出，在男方作为出轨过错一方的时候，女方有时会选择原谅。但反过来，在很多女方出轨的案件当中，男方大多不愿再与其继续生活，而直接选择离婚。这一点，正如电视剧《离婚律师》中演绎的桥段，池律师是一名非常专业与理性的离婚律师，但是在发现妻子与他人出轨后，一瞬间便丧失了理智，甚至想要冲动伤人。该剧情的描述虽然有夸大成分，但也相对客观地展现出，在对待配偶出轨这个问题上，男女两性的处理方式和理智程度存在明显的差异。

2. 如何减轻离婚给孩子造成的伤害？

案情简介

苏某与林某经自由恋爱后登记结婚。苏某与林某均系知名大学高材生，两人的性格都较为强势。苏某在某上市公司担任高管职务，林某与朋友共同设立了一家公司，自主创业。双方生有一女林某1。林某1出生后，林某曾提出希望苏某辞去公司的高管职务，在家全职照看孩子。但苏某不愿意放弃自己的事业，两人为此多次产生分歧。几年后，双方又生育一子林某2。由于苏某和林某都忙于各自的工作，两人将林某的母亲接到家中，并且请了一个保姆，一同照看两个年幼的孩子。此时，林某再次提出，希望苏某能够为了家庭放弃自己的事业，全身心照顾两个年幼的孩子。林某认为，目前自己的经济实力已经足以给苏某和两个孩子提供很好的生活条件。林某的母亲也出面劝说苏某，希望苏某能同意在家做全职太太。但苏某却坚持认为，自己经过多年奋斗才争取到的高管职务来之不易，而且事业和家庭完全可以兼顾，不想放弃自己的这份事业。为此，两人再次发生争执。

大女儿林某1开始上幼儿园后，苏某和林某的母亲每天负责接送，小儿子林某2则由林某的母亲和保姆一同照顾。一天，苏某突然感觉身体不适，到医院进行检查，医生诊断出其患有某种皮肤病，属于性病的一种。根据常识，苏某认定是林某与他人发生了不正当关系，患病后传染给自己。苏某为此质问林某，但林某坚决否认自己出轨他人，并指责苏某患病完全是自己的原因造成的。苏某十分委屈，认为自己为了照顾两个孩子和家庭，投入了巨大的精力，但林某忙于创业，不仅背叛了双方的感情，还反过来污蔑自己。苏某经过慎重考虑后，向林某提出离婚。林某表示同意离婚，也同意在共同财产的分割上适当照顾苏某。但双方在两个孩子的抚养权问题上没能达成一致。苏某主张两个孩子尚且年幼，要求由自己抚养两个孩子。但林某坚持主张小儿子林某2必须由自己抚养，大女儿林某1可以由苏某抚养。两人协商未果后，林某和其母亲将小儿子林某2强行带走，并且拒绝苏某探望小儿子林某2。

林某与苏某分居后，苏某一人照顾三岁多的女儿林某1。林某1因想念弟弟，每天都会问苏某："妈妈，爸爸和弟弟去哪儿了？"苏某无法回答女儿的问题，常常和女儿一起哭泣。不久后，苏某向法院起诉要求与林某离婚，并主张两个孩子的抚养权均由自己直接行使。法院审理过程中，林某始终不肯放弃小儿子的抚养权，苏某为了尽快结束不幸福的婚姻，同时为了能够尽快依法探望小儿子，在法院的主持下，最终同意了林某提出的抚养方案，双方以调解方式离婚。离婚后，在孩子的探望权行使问题上，双方再次发生争执，苏某以探望权纠纷为由向法院另行提起诉讼。

律师观点

男女双方在离婚时，对于孩子的抚养权归属问题，通常有以下几种常见情形：第一，双方均同意孩子由一方抚养，对于抚养费以及探望问题由双方协商确定，或者由法院根据实际情况进行判决。此类情形比较常见，男女双方在离婚时，能够相对客观、理智地考虑自己和孩子的实际情况，在孩子抚养权的归属上达成一致。第二，双方均主张孩子由自己抚养，各不让步。此类情形主要是孩子长期跟随爷爷奶奶共同生活，爷爷奶奶在日常生活中与孩子相处时间较长，已经培养出了深厚的感情，所以在男女双方离婚时，男方会坚决主张孩子的抚养权，甚至愿意在财产上作出一定的让步。第三，双方均表示不愿意抚养孩子。此类情况较为少见，大多是男女双方的经济条件较为一般，都认为自己无力独自抚养孩子。此时，法院通常有两种判决方式，一是认为男女双方对孩子的抚养问题没有作出妥善处理，所以直接判决不准予双方离婚；二是根据实际情况，判决孩子暂由其中一方抚养。

我们在这里仅简要分析前两种情形。第一种情形，即双方均同意孩子由一方抚养，实际上这种情况能够很大程度地减少父母离婚对孩子带来的伤害。一方面，父母双方能够客观、理智地站在有利于孩子身心健康的角度，同意由孩子的父亲或者母亲抚养孩子，往往能够避免在离婚时出现争抢孩子、为了达到尽快离婚或争抢财产等目的而阻止一方对孩子进行探望等不利于孩子身心的情况。另一方面，双方保持一定程度的理智，在离婚后也能够避免在抚养费给付、探望权行使等方面再次引发其他纠纷。

第二种情形，即双方均主张孩子由自己抚养，各不让步。这种情况最为复杂。一方面，男女双方都愿意抚养孩子，均表现出对孩子的真挚感情，相对于双方都拒绝抚养孩子的情形来说，更体现出作为父母应有的亲情和责任。另一方面，实践中，男女双方在争夺孩子抚养权的过程中，并非都从“有利于孩子身心健康成长”的角度出发，有时可能仅仅是出于经济利益的考虑，有时则是因为孩子的祖父母或外祖父母舍不得孩子，有时甚至将孩子当成谈判的筹码。对此，笔者认为，无论是从法律的规定，还是从父母应有的道德良知来看，孩子都是一个独立鲜活的个体，不应当成为夫妻双方在离婚时的谈判筹码。对于离婚双方来说，夫妻感情已经破裂时，第一要务应当是尽快结束不幸福的婚姻。而在孩子抚养权这个问题上，首先要考虑的是如何妥善处理最有利于孩子今后的健康成长。此时，无论是夫妻双方个人的利益，还是孩子祖父母或外祖父母的利益，都应当置于孩子的利益之后，如此才能避免对孩子造成更大的伤害。

本案中，苏某和林某双方的文化程度和经济实力都相对较好，在双方的夫妻感情终结时，对于较大价值的财产分割能够协商一致。但在涉及两个孩子的抚养权问题上，双方却缺少足够的理智，以致双方调解离婚后，因孩子探望权具体行使问题再次发生争执。从情感上来说，苏某作为两个年幼孩子的母亲，更值得同情。苏某与林某离婚时，大女儿三岁多，小儿子两岁多，两个孩子每天一起吃饭、玩耍、睡觉，孩子虽然年幼，但姐弟之间的这种血亲关系，即便是父母也不应强行拆分。站在林某的角度上看，林某作为两个孩子的父亲，当然有权主张孩子的抚养权，父亲与孩子间的这种天然情感也并不亚于母亲。但林某在离婚前即强行将小儿子带走，并拒绝苏某探望的做法显然不当，虽然林某的做法达到了尽快离婚的目的，但实际上已经严重地伤害了两个孩子的感情。

而双方虽然以调解的方式离婚，但后续也仍未能避免因探望权的行使问题再次引发诉讼。如果双方都能更多地从孩子的角度出发考虑问题，后续的纠纷完全可以避免，毕竟孩子终有一天会长大成人，对于父母双方的做法，孩子自己心里也会有一杆秤。因此，对于孩子的抚养及探望问题，离婚双方不应只考虑自己的切身利益，而应当更多地考虑孩子的利益，尽量减少离婚给孩子带来的伤害。

3. 被告不同意离婚的真正原因是什么？

案情简介

段某系某国企职工，吕某系某公司会计，双方经朋友介绍相识，恋爱后登记结婚。双方在各自父母的资助下，共同出资购买了位于北京市海淀区的一套住房。双方生育一子，取名段某某。孩子出生后，段某的母亲和吕某的母亲每个月轮流到家中帮忙照看孩子，夫妻双方的感情一直较为稳定。段某由于工作表现突出，得到领导的赏识后升职。段某升职后应酬开始增多，并且经常夜不归宿。每次吕某询问时，段某都说在单位宿舍留宿。一次，段某再次夜不归宿，吕某半夜打电话也提示关机。吕某出于对段某的关心，也出于对段某可能有婚外情的怀疑，第二天一早就找到了段某单位，向段某的领导询问情况。不料当晚段某回家后即指责吕某向领导告状，影响了自己的正常工作。双方为此事发生争吵。之后一段时间，段某下班后按时回家，但双方的夫妻感情却发生了变化，段某回家后很少与吕某说话。春节假期的某天，段某突然从家中搬走，不久后吕某便收到了北京市海淀区人民法院的电话，得知段某已向海淀区人民法院起诉要求离婚。

段某在离婚起诉状中强调双方婚前因了解不够，结婚后才发现性格不合，吕某对自己缺少作为妻子应有的关心，经常无理取闹，甚至到单位找领导告状，严重影响了段某的正常工作，并强调双方的夫妻感情已经破裂，因此向法院起诉离婚。吕某认为段某在起诉状中的描述与事实不符，认为段某提出离婚的真实原因是其已经有了外遇。吕某为此非常气愤，坚决不同意离婚。在答辩期内，吕某向海淀区人民法院提出了管辖权异议，海淀区人民法院依法驳回吕某的管辖权异议申请后，吕某不服提起上诉，北京市第一中级人民法院作出二审裁定驳回了吕某提出的上诉，维持了一审管辖权异议的裁定。

随后，海淀区人民法院正式开庭审理段某诉吕某离婚纠纷一案。庭审中，吕某提出双方的夫妻感情并没有破裂，且孩子年仅三岁，主张双方仍有和好可能，因此不同意段某离婚的诉讼请求。法院经审理后认为，双方日常生活中并无重大矛盾，段某起诉要求离婚，但是并无充分证据证明夫妻感情已经破裂。因此，法院判决驳回了段某要求离婚的请求。判决作出后，段某与吕某一直处于分居状态，两人无任何联系。

数月后，吕某再次收到法院的电话，告知段某再次将吕某起诉到法院。吕某坚信，段某之所以一直处于失联状态，拒绝任何沟通，甚至对孩子也不管不顾，两次向法院起诉离婚，明显是急于尽快与自己解除婚姻关系。为了不让段某达到尽快离婚的目的，吕某再次向法院提出了管辖权异议申请。至法院正式开庭审理双方的离婚案件时，双方已经分居两年多的时间。此时，吕某知道即便自己不同意离婚，法院也很可能会判决双方离婚，于是吕某表示同意离婚，但由于此时吕某仍然认为段某离婚是因为其有婚外情，所以吕某仍然要在诉讼中尽量拖延时间，不想让段某达到尽快离婚的目的。于是，在法院询问双方对于婚后共同购买的位于海淀区的房屋如何分割以及房屋现价值时，段某主张同意该房屋的所有权归吕某所有，因该房屋的市场价为510万元至550万元，段某愿意以较低的价格分割该房屋。但吕某表示，不认可段某提出的房屋市场价，坚决要求启动司法评估程序。后吕某向法院提交评估申请，法院依法启动了评估程序。最后，本案自法院立案后一年多才作出判决，判决准予双方离婚，并对孩子抚养、财产分割等问题一并处理。判决作出后，双方均未提出上诉。

律师观点

众所周知，根据我国离婚案件的司法实践，原告在第一次向法院起诉要求离婚时，如果被告明确表示不同意离婚，且双方也不存在《民法典》第一千零七十九条规定的几种足以认定夫妻感情破裂的法定情形，法院通常会驳回原告要求离婚的诉讼请求。此时，原告需要等待判决生效六个月之后，才能再次起诉离婚。也正因此，在很多离婚案件中，被告出于各种原因考虑，在原告第一次起诉时，都会表示不同意离婚。如果原告急于离婚，则可能就要在子女抚养、财产分割等问题上作出一定的妥协和让步。所以，有些离婚案件，被告之所以表示不同意离婚，并不意味着被告对原告还有感情，也不代表夫妻关系还有缓和的可能，而仅仅是被告出于自身利益上的考虑，甚至仅仅是为了让原告“难受”。

实践中，由于法院的案件量较多，有时案件的审理周期相对较长。如果原告一方确实急于离婚，被告只要提出“不同意离婚”，则原告通常无法通过一次诉讼就达到离婚目的，确实会给原告带来极大的困扰。不仅如此，有些离婚案件中，被告还会采取管辖权异议、拒收法院传票等方式，故意延长案件的审理周期，就是为了不让原告达到尽快离婚的目的。本案中的吕某就是如此，在段某第一次起诉时，吕某即提出了管辖权异议，之后又表示不同意离婚。而在段某第二次起诉时，吕某再次提出了管辖权异议，之后吕某虽然表示同意离婚，但为了拖延案件的审理，又向法院申请对夫妻共有的房产进行评估，通过评估程序再次拖延案件的审理周期。实际上，房产评估的结果在经济利益上对吕某并没有好处，但吕某宁可放弃一部分经济利益也要达到拖延诉讼的目的。最终，双方打了两年半的官司才拿到了法院作出的离婚判决书。

被告在离婚诉讼中违心作出“不同意离婚”的意思表示，对原、被告双方和孩子，以及其他家人来说，都是一种伤害。在婚姻关系中，夫妻双方的真实感情是最为重要的因素，一旦夫妻感情破裂，就应当及时解除不幸福的婚姻状态，没有必要在离婚时再一次给彼此造成二次伤害。尤其是在双方已有孩子的情况下，夫妻双方作为父母更应当优先考虑孩子的身心健康，不应当把成年人的某些利益凌驾于未成年孩子的利益之上。

当然，在有些案件中，原告在经过充分准备之后提起诉讼。但被告无论是在心理上还是在举证上都可能一时间应对不及，出于调查收集证据等客观需要，被告不得已通过提出管辖权异议等策略为自己争取更多的准备时间。但是需要注意的是，对于民事案件中滥用管辖权异议拖延案件审理这一情形，目前我国部分法院已经逐渐予以重视。如果被告一方缺乏正当理由滥用管辖权异议，法院一旦查明将会根据具体情节的严重程度对被告作出训诫、罚款等处罚。因此，我们建议，原、被告双方在诉讼中要合理合法地维护自身权益，不能滥用法律赋予的权利。

4. “假离婚”受法律保护吗？

案情简介

何某与郭某经人介绍相识，恋爱数月后登记结婚，婚后生有一女，取名何某某。双方婚后共同购买了位于北京市朝阳区某处和北京市通州区某处的两套房屋。几年后，双方打算另行购买位于北京市朝阳区某处的住房，但因双方名下已有两套住房，以致于购房资质受限。于是两人打算通过“假离婚”的方式取得购房资质，购房后再办理复婚手续。于是两人瞒着各自的家人，到朝阳区民政局办理了离婚登记手续。之后两人共同支付了购房首付款，并以郭某个人名义办理了贷款，可当郭某取得房屋产权证后，何某却拒绝与其复婚。

郭某认为，双方是为了购房而办理离婚手续，并且离婚协议中的约定对郭某明显不公平，于是郭某向法院起诉，要求确认双方签订的离婚协议无效。法院经审理查明，双方所签署的离婚协议中约定：“郭某、何某因性格不合导致感情破裂，经协商一致自愿离婚，并达成如下协议：一、男女双方自愿离婚。二、孩子何某某由女方自行抚养，跟随女方共同生活，男方无须支付抚养费。三、夫妻共同所有的位于北京市朝阳区某处和北京市通州区某处的两套房屋归男方所有，男方无须支付女方经济补偿……”郭某主张，双方办理离婚登记手续的真实目的是购买第三套住房，因此，该离婚协议中的上述约定并非双方的真实意思表示。何某不同意郭某的主张，何某认为，双方确实因感情破裂而离婚，并且离婚协议是双方在民政局现场自愿签署的，不存在法律上规定的无效情形。双方在庭审时各执一词。

一审法院经审理后认为，离婚时，夫妻共同财产由双方协议处理，离婚协议中关于财产分割的条款，对双方具有法律约束力。郭某作为本案原告，应当对自己提出的诉讼请求提供证据加以证明，如果没有证据或者证据不足以证明其所提出的主张，则应由郭某自行承担不利的诉讼后果。现郭某主张其与何某系为了购买第三套住房而“假离婚”，签署离婚协议并非双方的真实意思表示，但郭某并未提供直接证据予以证明。故一审法院判决驳回了郭某请求确认离婚协议无效的诉讼请求。郭某不服一审判决，提起上诉，二审法院经审理认为原审法院认定事实清楚，适用法律正确，最终维持了一审判决。

律师观点

从上述案例可以看出，我国法律上是没有“假离婚”这个概念的。根据《民法典》及相关法律法规的规定，只要当事人在离婚当时具有完全民事行为能力，则一旦办理了离婚登记手续，双方的婚姻关系在法律上就已经解除。任何一方事后都无权以“假离婚”为由主张撤销离婚登记。因此，本案中，原告郭某以假离婚为由，要求法院确认双方所签署的离婚协议无效的诉讼请求没有法律依据，最终被法院驳回。

实践中，有些当事人是为了规避限购政策，有些当事人则是为了多分得拆迁款，不惜采取“假离婚”的方式，铤而走险。但未曾想到，离婚后对方却拒绝复婚，最后弄假成真。所谓的“假离婚”，是指夫妻一方或者双方本无离婚的真实意思表示，但因双方通谋或一方受到另一方的欺诈而作出解除夫妻关系的行为。

“假离婚”通常有以下两种情形：第一，夫妻双方为了达到某种目的，比如享受购房政策、获取拆迁利益等，共同合谋决定暂时办理离婚手续，待预期目的达成后再行复婚。双方在协商假离婚时，感情尚好，假离婚属于双方的共同合谋，但离婚后出于各种原因，导致一方或双方反悔而未能复婚。第二，一方出于某种不可告人的目的，隐瞒事实真相，或者进行虚假承诺，以欺诈的方式骗取对方配合办理离婚登记手续。实际上，欺诈一方的真实目的就是离婚，而另一方却始终处于被欺骗的状态。但是，无论是双方合谋的“假离婚”，还是一方受欺诈而“被离婚”，从法律上来看，只要双方当事人到婚姻登记机关办理了离婚登记手续，婚姻关系即告解除。至于当事人双方离婚的真实原因是什么，以及双方是否为了某些特定的目的而“假离婚”，均不影响离婚登记的法律效力。对此，最高人民法院在1979年12月31日发布的《关于陈建英诉张海平“假离婚”案的请示报告的复函》中即已作出明确答复：“现在陈建英以他们的离婚登记，是张海平用先离婚后复婚的欺骗手段造成的假离婚，要求予以撤销；并要求废除张海平与朱小渝的婚姻关系，维持她与张海平的夫妻关系。这种要求，在法律上是站不住脚的。陈建英与张海平在离婚当时，都是具有法律行为能力的公民，双方依法办理了离婚手续，并已经发生了法律效力，从那时起，他们之间的婚姻关系，在法律上已经消灭。”最高人民法院的上述文件就是从当事人具有民事行为能力的角度，对“假离婚”的效力问题作出了明确的答复。

因此，无论出于何种目的，“假离婚”都是不受法律保护的。实践中，有些当事人为了防止“真离婚”，甚至还会签署类似于复婚协议、假离婚确认书等文书，试图以此作为夫妻双方“假离婚”的证据。在此要强调的是，法律不承认任何形式的“假离婚”，双方当事人虽然有权对财产分割问题进行约定，但关于结婚、离婚等与人身权利相关的限制性约定则会因违反法律而无效。所以，千万不要采取“假离婚”的方式达到某些经济上的目的，否则一旦出现风险，很可能人财两空，投诉无门。

5. 为什么离婚还会被列入“黑名单”？

案情简介

杨某与庞某系高中同学，两人在上学期间即相互产生过好感。毕业多年后，两人在同学聚会上再次相遇，并确立了恋爱关系。之后双方登记结婚。婚后，在庞某父母的资助下，双方购买了一套位于北京市海淀区某处的二居室，该房屋登记在庞某的名下，房屋贷款由庞某和杨某共同偿还。两人的孩子庞某某出生后，双方雇用了一名保姆，与庞某的母亲一同负责照料庞某某。后来，杨某发现庞某有出轨行为，两人为此产生矛盾。杨某在父母的劝说下，表示可以原谅庞某的出轨行为，但要求庞某将婚后所购买的海淀区房产添加登记杨某的名字，并且要求庞某以书面形式承诺，如今后再有出轨等对婚姻不忠实的行为，则庞某将放弃对该房屋的全部权利，房屋全部产权均归杨某个人所有。庞某的父母得知后坚决表示反对。庞某的父母认为，对于双方婚后购买的海淀区房屋，杨某及其父母均没有参与出资，因此不同意杨某提出的在房屋上加名以及要求庞某签署承诺书的要求。为此，双方及各自的家人产生了严重分歧，双方均不肯妥协。后杨某将庞某某抱走，正式与庞某分居。分居数月后，杨某向法院起诉要求与庞某离婚。

第一次庭审时，庞某表示不同意离婚，因杨某未向法院提交充分的证据证明双方夫妻感情破裂，故法院判决不准双方离婚。判决作出六个月之后，杨某再次向法院起诉要求与庞某离婚，并主张庞某某随杨某共同生活，依法分割双方的共同财产，并以庞某有出轨过错为由，要求庞某赔偿精神损失抚慰金 10 万元。经过法院多次开庭及调解，双方就离婚以及孩子抚养等问题达成了一致。但双方对于婚后购买的房产分割以及杨某主张的精神损失抚慰金两项问题均不肯作出让步。法院委托房产评估机构对双方共有的海淀区房产价值进行了评估，确定房产价格为 600 万元。后一审法院作出判决：一、准予杨某与庞某离婚；二、庞某某随杨某共同生活，庞某每月给付抚养费 2000 元，至庞某某年满十八周岁止；三、位于北京市海淀区某处的房产归庞某所有；四、庞某于判决生效后十日内一次性给付杨某折价补偿款 200 万元；五、驳回杨某的其他诉讼请求。

上述判决作出后，双方均未提起上诉。后因庞某未能按照判决书第四项内

容的规定给付杨某200万元折价补偿款，杨某又另行向法院提出强制执行申请。法院依法冻结了庞某名下的全部银行账户，并查封了其名下的房产，同时将庞某纳入了失信被执行人名单并限制庞某进行高消费。

律师观点

近年来，法院的强制执行力度逐步加大，无论是限制高消费令，还是最高人民法院的失信被执行人名单，都在一定程度上有效地震慑了恶意拖欠债务的被执行人。但也有为数不少的离婚当事人，主观上并非恶意拖欠债务，但却在诉讼离婚后被法院列为失信被执行人。本案中的庞某即此种情形。

庞某与杨某工作不久后结婚，双方的收入均一般，没有太多积蓄，婚后的购房首付款也主要是依靠庞某父母的资助。但在双方离婚时，由于房价的上涨，房产的评估价格为600万元，最终法院判决要求庞某给付杨某折价款200万元。判决作出时，庞某年仅三十一岁，月工资收入本来就不高，并且很大一部分也都用于偿还房屋贷款，除非庞某将房屋出售，否则根本无力向女方支付200万元的补偿款。因此，法院虽然在判决中要求“庞某于判决生效后十日内一次性给付杨某折价补偿款200万元”，但客观上，庞某根本不可能在判决生效后十日内履行该判决。而杨某为了尽快得到200万元的补偿款，向法院提交了强制执行申请，将庞某列入失信被执行人名单，并限制其进行高消费。

本案中，庞某出轨在先，由此导致夫妻感情破裂而离婚。虽然在法律上，庞某的行为并未达到与他人同居的过错程度，但确实违反了夫妻间的忠实义务。而杨某在离婚时主张分割双方共有的房产，亦于法有据、合情合理。但综观两人的婚姻经过，也不免令人惋惜。两个人从高中时期就已经相识，相互间早已产生好感，毕业多年后在同学聚会上再次相遇，从恋爱到结婚、生子，双方本应共同经营夫妻感情，但庞某却首先背叛了夫妻感情，最终双方诉至法院。从庞某的角度看，庞某的收入有限，仅靠其自身的能力，在客观上确实无法短期内给付杨某200万元的补偿款。无论是杨某个人，还是法院，没有充分考虑到庞某的客观实际情况，直接将庞某列为失信被执行人，对庞某来说，无疑是离婚后的又一次打击。站在作为申请执行人的杨某一方来看，杨某在婚后得知庞某出轨他人，对杨某来说也是一种严重的伤害。离婚后，杨某除争取到孩子的抚养权外，就只有法院判决庞某需要给付的200万元补偿款。在庞某未按时足额给付补偿款后，杨某也只能再次向法院寻求救济，因此申请了强制执行，并以失信被执行人等手段向庞某施加压力，以迫使其尽快给付补偿款。

实践中，类似本案的情形时有发生。不少当事人都因为离婚而被列为失信被执行人，甚至必须卖房后才能向另一方支付巨额的经济补偿。对于双方来说，离婚本身就已经是一次严重的精神打击，在失去夫妻感情的同时，通常还必须损失一部分财产，如果再被列为失信被执行人，一时间可能令当事人难以承受。正所谓“一日夫妻百日恩”，如果离婚已不可避免，分手时双方能留一分宽容与谅解，伤口总能浅一些，也能愈合得快一些，不枉曾经相爱一场。

第九章

离婚常用法律文书

1. 离婚协议

离婚协议

男方：王××，汉族，19××年×月×日生，住北京市××区××号×单元×室

女方：李××，汉族，19××年×月×日生，住北京市××区××号×单元×室

男、女双方于20××年相识，于20××年×月×日在北京市××区民政局登记结婚，婚后于20××年×月×日生育一子/女，取名王×。现因夫妻感情破裂，确无和好可能，根据《中华人民共和国民法典》及相关司法解释之规定，双方本着平等、自愿原则，就离婚的意思表示、子女抚养、财产分割等相关事宜达成如下协议。

一、男、女双方自愿离婚

二、子女抚养问题

1. 抚养权的行使

子/女王×的抚养权由女方行使，随同女方共同生活。

2. 抚养费的给付

（1）男方支付孩子抚养费______元/月，直至孩子年满十八周岁止。

（2）男方须于每月______日之前将抚养费支付至女方指定的以下账户：

开户行：____________________

户名：____________________

账号：____________________

如上述指定收款账户信息发生变更，则女方需在变更前十日内通知男方，如因账户信息变更导致抚养费无法按期支付的，男方不承担相应的违约责任。

3. 探望权的行使

在不影响孩子正常学习、生活的情况下，男方可按如下第____方式对孩子进行探望：

（1）男方可于每个自然月的第一周、第三周周六 17 点前，自行将孩子接走，并于周日 17 点前将孩子送回女方住处。

（2）男、女双方本着有利于孩子身心健康成长的原则，对探望权的具体行使方式由双方根据实际情况自行协商确定。

三、财产分割

1. 房产

登记在男方名下，位于北京市 ×× 区 ×× 号 × 单元 × 室［房产证号为京（20××）× 不动产权第 ×× 号］的房产，离婚后该房产的所有权归男方所有，男方应于离婚后十日内一次性支付女方房屋折价款人民币______万元，女方在收到上述款项后不再另行主张与该房产有关的任何权利。

2. 车辆

登记在男方名下，车牌号为京 ××× 牌的宝马牌轿车，离婚后该车辆归男方所有，男方应于离婚后十日内一次性支付女方车辆折价款人民币______万元，女方在收到上述款项后不再另行主张与该车辆有关的任何权利。

3. 银行存款

双方各自名下现有的银行存款归各自所有。

4. 双方私人生活用品

双方各自的私人生活用品归各自所有。

四、债权债务的处理

男、女双方在此确认，双方在婚姻关系存续期间没有任何共同债权及债务。如任何一方对外负有债务的，由负债一方自行承担。

五、一方隐瞒或转移夫妻共同财产的责任

男、女双方在此确认，所有夫妻共同财产在本协议第一条至第四条中已全部列明。除上述房产、车辆、银行存款及私人生活用品外，并无其他财产，任何一方均应保证以上所列全部财产的真实性。

本协议所约定的财产分割均以上述已列明的财产为基础。任何一方不得隐瞒、虚报、转移婚内共同财产。如任何一方有隐瞒、虚报、转移除上述已列明财产外的财产，或在签订本协议之前两年内有隐瞒、虚报、转移财产行为的，另一方发现后有权取得对方所隐瞒、虚报、转移之财产的全部份额，并追究其隐瞒、虚报、转移财产的法律责任，隐瞒、虚报、转移财产的一方无权分割该部分财产。

六、违约责任

1. 男方违反本协议第二条的约定，未按期足额给付子女抚养费的，则每逾期一日，应额外向女方支付应付未付金额千分之三的逾期违约金。

2. 男方违反本协议第三条的约定，未按期足额向女方支付房屋折价款或车辆折价款的，则每逾期一日，应额外向女方支付应付未付金额千分之三的逾期违约金。

3. 因女方向男方主张违约责任而产生的律师费、诉讼费等费用，均由男方承担。

七、争议的解决

双方因履行本协议有关财产分割部分产生的争议，任何一方均可向北京市 ×× 区人民法院提起诉讼。

八、协议文本及效力

本协议一式三份，双方各执一份，婚姻登记机关备案一份，在双方签字且经婚姻登记机关颁发《离婚证》之日起发生法律效力。

九、特别声明条款

本协议系男、女双方自愿签署，不存在任何欺诈、胁迫、重大误解等使协议无效或撤销之情形。

（以下无正文）

男方（签字）：　　　　　　　　女方（签字）：

年　月　日　　　　　　　　年　月　日

2. 婚内财产约定协议书

婚内财产约定协议书

男方：张 ××，汉族，19×× 年 × 月 × 日生，住北京市 ×× 区 ×× 号 × 单元 × 室

女方：尚 ××，汉族，19×× 年 × 月 × 日生，住北京市 ×× 区 ×× 号 × 单元 × 室

男、女双方于 20×× 年 × 月 × 日在北京市 ×× 区民政局办理结婚登记手续。现双方就位于北京市西城区 ×× 路 ×× 号院 × 号楼 × 单元 ×× 号［房产证号为京

（20××）西不动产权第 ×× 号］房产，车牌号为京 M××××1 的 ×× 牌轿车，以及双方名下银行存款的归属事宜，依据《中华人民共和国民法典》及相关法律法规之规定，订立如下协议，以期双方共同遵守。

一、房产概况

房屋所有权人：尚 ××，共有情况：单独所有，房屋坐落：北京市西城区 ×× 路 ×× 号院 × 号楼 × 单元 ×× 号，房屋建筑面积：128.34 平方米。

房产证号：京（20××）西不动产权第 ×× 号。

二、房产归属

男、女双方明确约定：自本协议经双方签字之日起，本协议第一条所约定的位于北京市西城区 ×× 路 ×× 号院 × 号楼 × 单元 ×× 号［房产证号为京（20××）西不动产权第 ×× 号］房产全部归女方个人所有，与男方无关。

自本协议经双方签字之日起，男方不再享有上述房产的占有、使用、收益、处分等所有权能。

三、车辆概况及归属

机动车所有人：尚 ××，品牌型号：××××，车辆识别代号：××××，发动机号：××××，车牌号：京 M××××1。

男、女双方明确约定：自本协议经双方签字之日起，上述车辆（车牌号：京 M××××1）归女方个人所有，与男方无关。男方不再享有上述车辆的占有、使用、收益、处分等所有权能。

四、存款及归属

1. 户名：尚 ××，开户行：中国建设银行北京 ×× 支行，账号：××××，截至 20×× 年 × 月 × 日，该银行账户内有存款人民币 ×× 万元；

2. 户名：尚 ××，开户行：中国银行北京 ×× 支行，账号：××××，截至 20×× 年 × 月 × 日，该银行账户内有存款人民币 ×× 万元；

男、女双方确定：自本协议经双方签字之日起，上述银行账户（账号：××××、××××）内的存款全部归女方个人所有，与男方无关。

五、特别约定条款

1. 男方不得以女方未支付折价补偿款等任何理由主张本协议不公平、无效或可撤销。男方自愿放弃根据《中华人民共和国民法典》以及相关法律法规等所享有的相应抗辩权利。

2. 双方在此明确，本协议所涉约定房产、车辆、存款等财产归属均不存在任何权利争议或瑕疵，不存在与任何第三人共有的情形。

六、未尽事宜之约定

1. 本协议未约定或约定不明的事项，男、女双方可另行协商签订书面补充协议，补充协议为本协议的附件，构成本协议的一部分，与本协议具有同等法律效力。

2. 男、女双方在此明确表示：本协议为不可撤销之协议。

3. 本协议系男、女双方自愿签订，不存在欺诈、胁迫、显失公平等使协议无效或撤销之情形。

4. 男、女双方在签署本协议之前均已充分阅读本协议的全部内容，均能够完全理解本协议内容之含义以及相应的法律后果。

七、协议文本及效力

本协议自男、女双方签字之日起生效。本协议一式二份，男、女双方各持一份，每份均具有同等法律效力。

（以下无正文）

男方（签字）： 女方（签字）：

年 月 日 年 月 日

3. 民事起诉状

民事起诉状

原告：杨××，女，19××年×月×日出生，汉族，住北京市××区××号×单元×室，联系电话：138××××××××

被告：张××，男，19××年×月×日出生，汉族，住北京市××区××号×单元×室，联系电话：139××××××××

案由：离婚纠纷

诉讼请求：

1. 判决准予原告杨××、被告张××离婚；

2. 判决孩子张×由原告杨××抚养，被告张××每月支付抚养费人民币3000元，至孩子张×年满十八周岁止；

3. 依法分割夫妻共同财产；

4. 本案诉讼费用由被告张××承担。

事实与理由：

原、被告于20××年×月经人介绍后相识，于20××年×月×日登记结婚，于20××年×月×日生有一子，取名张×。双方婚前感情基础不深，相互之间缺乏了解，草率结婚。婚后双方并未建立起真挚的夫妻感情，且双方性格差异较大，在生活中常因琐事发生纠纷。在孩子出生后，双方夫妻关系并没有发生好转，反而更加恶化。被告从未尽到作为丈夫以及父亲应有的责任和义务。双方发生争吵后，被告经常对原告采取冷暴力，被告从来不会主动向原告道歉认错，每次都是原告向被告妥协才能缓解双方的矛盾。原告为了挽救双方的婚姻，曾经多次尝试与被告进行沟通，并多次给予被告机会，但被告不懂得珍惜原告的感情，也不愿意为家庭和孩子作出任何改变，最终导致双方的夫妻感情彻底破裂。后双方已于20××年×月正式开始分居生活。

综上所述，现原告已经体会不到任何来自被告的关心和温暖，对被告也再无任何感情，双方已没有继续共同生活下去的可能性以及必要性，原告只想尽快结束这段不幸福的婚姻，重新开始生活。现原告为了维护自身的合法权益，依据《中华人民共和国民法典》和《中华人民共和国民事诉讼法》之相关规定，特向贵院提起诉讼，请法院在查明事实的基础上，支持原告的诉讼请求。

此致

北京市××区人民法院

具状人：杨××

20××年×月×日

4. 民事答辩状

民事答辩状
（不同意离婚）

答辩人：张××，男，19××年×月×日出生，汉族，住北京市××区××号×单元×室，联系电话：139××××××××

被答辩人：杨××，女，19××年×月×日出生，汉族，住北京市××区××号×单元×室，联系电话：138××××××××

答辩人就被答辩人起诉离婚纠纷一案，提出答辩意见如下：

一、答辩人与被答辩人系自由恋爱，婚前感情基础较深，婚后相处多年，并育有一子，双方的夫妻感情并未破裂

被答辩人在起诉状中所称“双方婚前感情基础不深”，以及“婚后双方未建立起真挚的夫妻感情”等与事实不符。答辩人与被答辩人系自由恋爱，双方经

过长达三年多的恋爱后，经双方慎重考虑，并征得了双方家人的同意才决定结婚。结婚后，双方的夫妻感情一直非常和睦，并且双方于20××年×月×日生有一子。孩子出生后，答辩人为了被答辩人和孩子，作出了很大改变，甚至为了更多地陪伴被答辩人和孩子，放弃了工作中的升职机会。因此，双方早已建立起了良好的夫妻感情，不存在被告所称的夫妻感情已经破裂的情形，被答辩人更不应当轻易提出离婚。

二、请法院充分考虑答辩人与被答辩人双方多年来的夫妻感情，且双方之间并无实质性矛盾，依法判决驳回被答辩人的全部诉讼请求

答辩人与被答辩人在婚后日常生活过程中虽偶尔发生争执，但在答辩人看来，夫妻间因日常生活琐事产生矛盾是每个家庭都存在的情况，并非不可调和的矛盾。答辩人与被答辩人之间的夫妻感情，远远未达到被答辩人所称感情已经破裂、再无和好可能的程度。另外，截至被答辩人起诉之日，答辩人与被答辩人已结婚近五年，从双方谈恋爱开始计算，至今已经有八年多时间，这么多年以来，从相识、恋爱到后来结婚、生子，双方通过努力建立起了一个新的家庭。现在虽然被答辩人向法院起诉离婚，但答辩人认为这只是被答辩人的一时冲动，答辩人愿意与被答辩人进行沟通，使双方化解矛盾，继续共同经营婚姻，也给孩子一个完整的家庭。

综上所述，被答辩人的诉讼请求缺乏事实及法律根据，答辩人请法院综合考虑夫妻感情尚未破裂，并从保护孩子身心健康成长的原则出发，给予夫妻双方再次和好的机会，进而判决驳回被答辩人的全部诉讼请求。

此致

北京市××区人民法院

答辩人：张××

20××年×月×日

民事答辩状
（同意离婚）

答辩人：刘××，女，19××年×月×日出生，汉族，住北京市××区××号×单元×室，联系电话：138××××××××

被答辩人：方××，男，19××年×月×日出生，汉族，住北京市××区××号×单元×室，联系电话：139××××××××

答辩请求：

1. 判决准予答辩人刘××与被答辩人方××离婚；

2. 判决孩子方 × 由答辩人刘 ×× 抚养，被答辩人方 ×× 每月支付抚养费人民币 3000 元，至孩子方 × 年满十八周岁止；

3. 依法分割夫妻共同财产；

4. 判决被答辩人方 ×× 赔偿答辩人刘 ×× 精神损害抚慰金人民币 3 万元；

5. 本案诉讼费用由被答辩人方 ×× 承担。

事实与理由：

一、答辩人同意与被答辩人离婚

被答辩人在起诉状中称，双方的离婚原因是“答辩人不尊重被答辩人及其父母”，系被答辩人的虚假陈述，与客观事实不符。答辩人与被答辩人结婚后初期，在答辩人父母的家中共同居住过一段时间，后双方共同购买了位于北京市海淀区 ×× 院 × 号楼 × 单元 × 室的房屋，自 20×× 年起，双方一直居住在上述住所。双方虽不再与父母共同居住生活，但几乎每个周末休息时，双方都会一同去看望双方的父母，答辩人对被答辩人的父母从来都是恭敬有加。被答辩人在起诉状中称答辩人不尊重其父母，明显是无中生有。

实际上，双方之所以离婚，最根本的原因是被答辩人有了外遇。被答辩人违反了对答辩人的忠实义务，背叛了双方的夫妻感情。被答辩人在答辩人发现其对婚姻不忠后，丝毫没有悔改之意，反而离家出走，与他人同居生活。现被答辩人为了达到与答辩人离婚的目的，竟然不惜向法院作出虚假陈述，对答辩人进行污蔑。因此，答辩人虽同意与被答辩人离婚，但离婚的真正原因是被答辩人存在过错。

二、孩子方 × 的抚养权应由答辩人行使，被答辩人方 ×× 每月支付抚养费人民币 3000 元，至孩子方 × 年满十八周岁止

1. 孩子方 × 的抚养权应由答辩人行使

第一，答辩人有稳定的工作收入及生活来源，能够独立抚养孩子。答辩人毕业于北京 ×× 大学，毕业后就职于北京 ×× 公司，任该公司人事主管。答辩人已工作十年，目前的税后年收入为 15 万元。因此，答辩人工作稳定、收入良好，有足够的能力对孩子进行抚养。

第二，孩子方 × 自出生以来，一直由答辩人及答辩人的父母协助照看，与答辩人以及答辩人的父母已经形成了深厚的感情。现方 × 已上幼儿园大班，每天均由答辩人及答辩人的父母负责接送。考虑到孩子方 × 随答辩人的父母共同生活时间较长，且孩子的外祖父母也愿意帮助答辩人一同照看方 ×，故方 × 的抚养权应优先考虑由答辩人行使。

第三，被答辩人品行不端，不仅存在对婚姻不忠实的行为，还曾对答辩人实施家庭暴力，孩子如交由被答辩人抚养，明显不利于孩子的身心健康成长

自孩子出生后，被答辩人从未尽到一名父亲对孩子应有的责任和义务。每次孩子生病都是由答辩人及答辩人的父母带孩子去医院。周末时，被答辩人宁可与朋友出去吃饭喝酒，也从来不会主动陪伴孩子。为此，答辩人与被答辩人经常发生争吵。20×× 年 × 月，被答辩人醉酒晚归，答辩人询问被答辩人和谁出去喝酒了，被答辩人却无故对答辩人发火，并对答辩人实施了家庭暴力。20×× 年 × 月，答辩人发现被答辩人与他人婚内出轨。因此，从被答辩人的上述种种行为，均可看出被答辩人品行不端，根本不适宜抚养孩子。

2. 被答辩人应给付抚养费每月 3000 元

据答辩人了解，被答辩人目前月收入约为 1 万元，根据司法解释的规定，应按照被答辩人月收入 20%—30% 的比例承担孩子的抚养费。因孩子即将上小学，考虑到孩子目前的生活及教育支出情况，请法院判决被答辩人支付孩子抚养费每月 3000 元。

三、双方婚后共同购买的房产应归答辩人所有，由答辩人给予被答辩人房屋折价款

双方在婚后共同出资购买了一套位于北京市海淀区 ×× 院 × 号楼 × 单元 × 室的房屋，现该房屋登记在双方名下，根据《中华人民共和国民法典》的规定，分割夫妻共同财产，应本着照顾女方和子女的原则。因此，该房屋的所有权应归答辩人所有，由答辩人给予被答辩人房屋折价款。另外，被答辩人存在对婚姻不忠及家庭暴力等行为，是导致双方离婚的根本原因。因此，答辩人请法院在判决房屋折价款时，综合考虑被答辩人的过错行为，本着照顾女方和子女的原则进行判决。

四、被答辩人曾对答辩人实施家庭暴力，应当赔偿答辩人精神损害抚慰金 3 万元

20×× 年 × 月 × 日晚，被答辩人动手殴打答辩人，造成答辩人身上多处瘀青。答辩人已于当晚向北京市海淀区 ×× 派出所报警，警方出警并为双方制作了书面的谈话笔录。因此，被答辩人的行为已构成家庭暴力，应当对答辩人进行赔偿。

综上所述，答辩人与被答辩人的夫妻感情已经破裂，再无任何和好可能，故应当判决双方离婚。对于孩子的抚养权以及财产分割等问题，请法院综合考虑本案全部客观事实，支持答辩人的答辩请求，同时对被答辩人的家庭暴力行

为作出认定。

此致

北京市 ×× 区人民法院

答辩人：刘 ××

20×× 年 × 月 × 日

5. 民事上诉状

民事上诉状

上诉人（原审被告）：赵 ××，女，19×× 年 × 月 × 日出生，汉族，住北京市 ×× 区 ×× 号 × 单元 × 室，联系电话：138××××××××

被上诉人（原审原告）：李 ××，男，19×× 年 × 月 × 日出生，汉族，住北京市 ×× 区 ×× 号 × 单元 × 室，联系电话：139××××××××

上诉人因离婚纠纷一案不服北京市朝阳区人民法院（20××）京 0105 民初 ×××× 号民事判决，特依法提起上诉。

上诉请求：

1. 依法撤销北京市朝阳区人民法院（20××）京 0105 民初 ×××× 号民事判决第四项，改判为：被上诉人给付上诉人人民币 120 万元；

2. 依法撤销北京市朝阳区人民法院（20××）京 0105 民初 ×××× 号民事判决第五项，改判为：被上诉人赔偿上诉人精神损害抚慰金 2 万元；

3. 本案上诉费用由被上诉人承担。

事实与理由：

一、原审判决未查明被上诉人存在转移夫妻共同财产 120 万元的事实，据此作出的第四项判决属于认定事实不清，依法应予改判

被上诉人在婚姻关系存续期间，多次通过银行转账、银行柜台提现等方式，转移、隐匿夫妻共同财产共计人民币 120 万元。在原审时，经上诉人申请，原审法院调取了被上诉人名下工商银行、建设银行等多份银行流水。从上述银行流水可以看出，被上诉人在本案诉讼前一年，有过多次大额汇款及取现行为，总计金额为 120 万元。但此后一年内，上诉人与被上诉人在日常家庭生活中并无任何大额医疗、消费等合理支出，被上诉人对上述款项的去向也未能作出合理解释。因此，足以认定被上诉人存在转移、隐匿夫妻共同财产之行为。

另外，被上诉人在将其名下工商银行账户80余万元存款全部转移之后，于20××年××月将该账户注销。被上诉人转移巨额存款后销卡的行为，亦能说明被上诉人具有转移、隐匿财产的故意。但原审法院对如此明显的转移、隐匿之行为却未予认定，明显属于事实不清，请二审法院依法认定被上诉人存在转移、隐匿财产行为，并依据《中华人民共和国民法典》第一千零九十二条之规定，将被上诉人转移、隐匿的上述款项全部判归上诉人所有。

二、原审判决未对被上诉人的家庭暴力行为予以认定，亦属认定事实不清，应予以改判

20××年×月×日凌晨，被上诉人曾与上诉人就离婚事宜进行协商，后双方因孩子抚养以及财产分割等问题未能达成一致发生争吵。被上诉人遂动手殴打上诉人，造成上诉人手臂受伤。因当时已经半夜，孩子也已睡着，故上诉人并没有第一时间向警方报警。次日下午，上诉人向辖区派出所报警，警方出警后对上诉人制作了询问笔录。后上诉人自行到朝阳医院就医，医生出具了诊断证明，证明上诉人手臂有皮外伤。为此，上诉人向原审法院提交了报警记录、诊断证明，以及受伤照片等证据予以证明。但原审判决却以“当事人应对自己的主张提供证据。本案中，上诉人主张被上诉人存在家暴情形，但其举证不足以证明其主张，故本院对此不予采信”为由驳回了上诉人提出的损害赔偿请求。上诉人认为，被上诉人在双方协商离婚事宜期间，动手打伤上诉人的行为明显属于家庭暴力，应当对上诉人进行赔偿。原审判决对被上诉人的家暴行为未作出认定，属于认定事实不清。

综上所述，原审判决对被上诉人转移、隐匿财产以及实施家庭暴力等多处过错未予认定，明显属于认定事实不清。因此，上诉人请求二审法院在查明本案客观事实的基础上，对原审判决予以纠正，改判支持上诉人的全部上诉请求。

此致

北京市××中级人民法院

上诉人：赵××

20××年×月×日

6. 调查取证申请书

调查取证申请书

申请人：张××，女，19××年×月×日出生，汉族

身份证号：110103××××××××××××

联系地址：北京市××区××大街×号×号楼×层×室

工作单位：北京××信息咨询管理有限公司

联系电话：139××××××××

申请事项：

请求法院依法调取朱××（身份证号：110101××××××××××××）名下的中国人民银行开户及历史交易信息（账号：10011043××××××××）。

事实与理由：

朱××诉申请人张××离婚纠纷一案，已由贵院受理。因本案涉及夫妻共同财产分割，根据《中华人民共和国民法典》第一千零六十二条之规定，夫妻在婚姻关系存续期间所得的工资、奖金归夫妻双方共同所有，离婚时应作为夫妻共同财产进行分割。上述申请调查的银行卡系朱××工资卡，长期由朱××自行保管，申请人无法知晓朱××的实际收入情况。现申请人因客观原因无法自行收集上述证据，特依据《中华人民共和国民事诉讼法》《最高人民法院关于民事诉讼证据的若干规定》之相关规定，向贵院提出调查取证申请，望予准许。

此致

北京市××区人民法院

申请人：张××

20××年×月×日

7. 管辖权异议申请书

管辖权异议申请书

申请人：孟××，男，19××年×月×日出生，汉族

身份证号：110101××××××××××××

联系地址：北京市东城区前门大街×号×层×室

工作单位：北京××广告咨询有限公司

联系电话：156××××××××

申请人因刘××诉其离婚纠纷一案（案号：20××京××××民初×××号），依法向贵院提出管辖权异议。

申请事项：

申请将本案移送至北京市东城区人民法院进行审理。

事实与理由：

刘××诉申请人离婚纠纷一案，已由贵院立案受理。因申请人与刘××结婚后一直居住在北京市东城区前门大街×号×层×室，至今已连续居住满一年以上。故申请人认为，本案应由北京市东城区人民法院管辖和审理。现申请人依据《中华人民共和国民事诉讼法》之相关规定，提出上述管辖权异议申请，请求贵院依法作出移送裁定。

此致

北京市××区人民法院

申请人：孟××
20××年×月×日

附：《居住证明》

8. 证人出庭作证申请书

证人出庭作证申请书

申请人：方××，女，19××年×月×日出生，汉族

身份证号：110101××××××××××××

联系地址：北京市××区×街道××小区×号楼×单元××号

联系电话：151××××××××

请求事项：

请求法院依法通知证人胡××出庭作证。

证人联系方式如下：

胡××，女，19××年×月×日出生，汉族，保姆

身份证号：110101××××××××××××

联系地址：北京市××区×街道××小区×号楼×单元××号

工作单位：北京××家政有限公司

联系电话：150××××××××

事实与理由：

申请人诉吴××离婚纠纷一案，已由贵院受理。因本案被告吴××在婚姻关系存续期间长期酗酒并多次对申请人实施家庭暴力，证人胡××能够对被告

吴××长期酗酒以及实施家庭暴力的事实进行证明。现申请人依据《中华人民共和国民事诉讼法》《最高人民法院关于民事诉讼证据的若干规定》之相关规定，特向贵院申请上述证人出庭作证，望予准许。

此致

北京市××区人民法院

申请人：方××

20××年×月×日

附：证人身份证复印件及证人证言

9. 证人证言

证人证言

证人：胡××，女，19××年×月×日出生，汉族，保姆

身份证号：110101××××××××××××

联系地址：北京市××区×街道××小区×号楼×单元××号

联系电话：150××××××××

证明内容：

本人胡××，自20××年×月起，在方××休产假期间，一直在她家做保姆，主要负责照看孩子及做一些家务。吴××是家里的男主人，平时白天上班，总是很晚才回到家里。吴××经常喝醉酒，方××与吴××两人经常因吴××喝醉酒的事发生争吵，有时候吴××甚至会动手打方××，并砸家里的东西。我有好几次看见方××的脸上和胳膊上都有红印和瘀青。

我保证上述内容都是我亲眼所见，我愿意对我所作的证言承担一切法律责任。

证人：胡××

20××年×月×日

10. 不公开审理申请书

不公开审理申请书

申请人：刘××，女，19××年×月×日出生，汉族

联系地址：××市××区××院×号楼×层×室

联系电话：138××××××××

请求事项：

请求贵院对孙××诉刘××离婚纠纷一案不公开审理。

事实与理由：

原告孙××诉申请人离婚纠纷一案，已由贵院立案受理。因本案涉及双方当事人的个人隐私，不宜公开审理。为维护申请人之合法权益，现申请人依据《中华人民共和国民事诉讼法》之相关规定，特向贵院提出上述申请，望贵院予以准许。

此致

××市××区人民法院

申请人：刘××

20××年×月×日

11. 延期开庭审理申请书

延期开庭审理申请书

申请人：武××，女，19××年×月×日出生，汉族

身份证号：××××××××××××××××××

联系地址：××市××区××小区×号楼×单元××号

联系电话：139××××××××

申请事项：

申请延期开庭审理武××与顾××离婚纠纷一案，将原定于20××年×月×日的开庭时间延后。

申请理由：

顾××诉申请人武××离婚纠纷一案，贵院已立案受理。申请人经单位体检查出肾结石，将于近日住院手术（见附件：××市××医院《检查报告单》），申请人已在医院排队将近半年才预约上手术，实在无法更改手术日期，故无法参加20××年×月×日的庭审。本案系离婚纠纷，根据《中华人民共和国民事诉讼法》及相关司法解释之规定，申请人属于必须到庭的当事人，否则不利于法庭查明事实情况。现申请人确有正当理由无法于20××年×月×日出庭，故申

请人特向贵院申请延期开庭审理本案，望予准许。

此致

××市××区人民法院

申请人：武××

20××年×月×日

附：××市××医院《检查报告单》

12. 诉讼财产保全申请书

诉讼财产保全申请书

申请人：韩××，男，19××年×月×日出生，汉族

身份证号：110101××××××××××××

联系地址：北京市××区××路××号院×座××室

联系电话：139××××××××

请求事项：

申请冻结被申请人刘××对北京××房地产经纪有限公司享有的就北京市××区××路××号院××号楼×单元×号房屋的房屋租赁合同（合同编号：×××××）项下的债权及收益。

事实与理由：

申请人韩××与被申请人刘××离婚纠纷一案，已由贵院受理。因被申请人刘××擅自将婚后夫妻共同出资购买的位于北京市××区××路××号院××号楼×单元×号房屋出租，且将房屋租金收益转移、隐匿。为防止被申请人继续转移、隐匿夫妻共同财产，现申请人根据《中华人民共和国民事诉讼法》及《最高人民法院关于适用〈中华人民共和国民事诉讼法〉若干问题的解释》之相关规定，特向贵院提出上述诉讼财产保全申请，请求贵院依法采取保全措施，冻结被申请人的相关债权及收益。

此致

北京市××区人民法院

申请人：韩××

20××年×月×日

附：保全财产线索

13. 房产评估申请书

房产评估申请书

申请人：崔××，女，19××年×月×日出生，汉族

身份证号：××××××××××××××××××

联系地址：北京市××区×号院××号楼××室

联系电话：138××××××××

申请事项：

请求贵院依法委托房产评估机构对北京市××区×号院××号楼××室的房产价值进行评估。

事实与理由：

陈××诉申请人崔××离婚纠纷一案，贵院正在审理过程中。现因双方未能就涉案房产的价值及分割方案达成一致，根据《中华人民共和国民法典》及相关司法解释之规定，涉案房产的婚后还贷部分及相对应的财产增值部分，在申请人与陈××就财产分割不能协商一致的情况下，人民法院应当根据财产的具体情况，判决由产权登记方对另一方进行补偿。因具体补偿金额的计算需要对房产的现价值进行评估，故申请人特提出上述申请，请贵院依法委托具有相应资质的评估机构进行评估。

此致

北京市××区人民法院

申请人：崔××

20××年×月×日

读者福利

亲爱的读者朋友们，为了帮助你们更好地学习婚姻法律知识，我们免费提供书中离婚常用法律文书的下载服务，并附赠《中华人民共和国民法典》婚姻家庭编与相关规定对照表、《最高人民法院关于适用〈中华人民共和国民法典〉婚姻家庭编的解释（一）》条文对比与解读电子版。

下载方法：

1. 登录中国法制出版社官方网站，https://www.zgfzs.com/。

2. 点击进入“出版服务→资料下载”区域。

3. 选择“《离婚保卫战：手把手教你如何争取离婚合法权益（第二版）》读者福利”进行下载。

4. 压缩包密码为：lihun。

图书在版编目 (CIP) 数据

离婚保卫战：手把手教你如何争取离婚合法权益 / 马晓斌著 . — 2 版 . — 北京：中国法制出版社，2022.9（2025.9 重印）

ISBN 978-7-5216-2747-3

Ⅰ . ①离…　Ⅱ . ①马…　Ⅲ . ①离婚法 - 基本知识 - 中国　Ⅳ . ① D923.914

中国版本图书馆 CIP 数据核字（2022）第 109066 号

责任编辑：秦智贤（qinzhixian@zgfzs.com）　　封面设计：杨泽江

离婚保卫战：手把手教你如何争取离婚合法权益

LIHUN BAOWEIZHAN : SHOUBASHOU JIAO NI RUHE ZHENGQU LIHUN HEFA QUANYI

著者 / 马晓斌

经销 / 新华书店

印刷 / 北京虎彩文化传播有限公司

开本 / 710 毫米 ×1000 毫米　16 开　　印张 / 12.5　字数 / 217 千

版次 / 2022 年 9 月第 2 版　　2025 年 9 月第 4 次印刷

中国法制出版社出版

书号 ISBN 978-7-5216-2747-3　　定价：42.00 元

北京市西城区西便门西里甲 16 号西便门办公区

邮政编码：100053　　传真：010-63141600

网址：http://www.zgfzs.com　　**编辑部电话：010-63141798**

市场营销部电话：010-63141612　　**印务部电话：010-63141606**

（如有印装质量问题，请与本社印务部联系。）